데일리 홈 트레이닝

데일리 홈 트레이닝

발행일 2020년 3월 26일

지은이 김다영
펴낸이 손형국
펴낸곳 (주)북랩
편집인 선일영 편집 강대건, 최예은, 최승헌, 김경무, 이예지
디자인 이현수, 한수희, 김민하, 김윤주, 허지혜 제작 박기성, 황동현, 구성우, 장홍석
마케팅 김회란, 박진관, 조하라, 장은별
출판등록 2004. 12. 1(제2012-000051호)
주소 서울특별시 금천구 가산디지털 1로 168, 우림라이온스밸리 B동 B113~114호, C동 B101호
홈페이지 www.book.co.kr
전화번호 (02)2026-5777 팩스 (02)2026-5747

ISBN 979-11-6539-102-7 03690 (종이책) 979-11-6539-103-4 05690 (전자책)

이 도서의 국립중앙도서관 출판예정도서목록(CIP)은 서지정보유통지원시스템 홈페이지(http://seoji.nl.go.kr)와 국가자료공동목록시스템(http://www.nl.go.kr/kolisnet)에서 이용하실 수 있습니다.
(CIP제어번호: CIP2020011644)

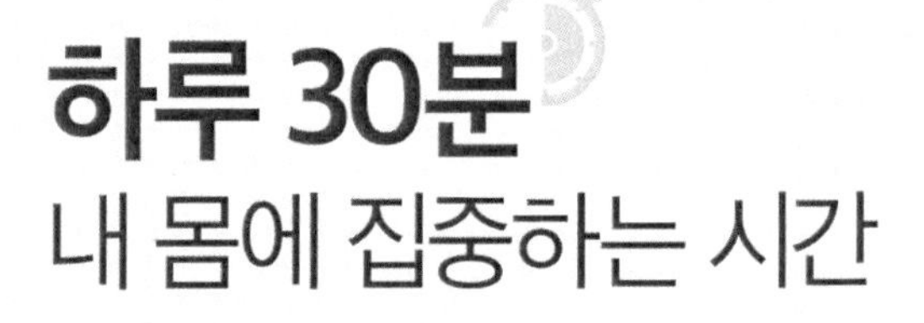

데일리 홈 트레이닝

요일별 영상 QR코드 수록

반복되는 운동에
지친 당신을 위한

언니어터 김다영의
66가지
일주일 운동법

김다영 지음

북랩book Lab

들어가는 글

저는 9살에 무용을 시작하였습니다. 운동이라면 안 해 본 운동이 없을 만큼 운동을 무척 좋아했습니다. 발레를 전공했지만, 요가강사와 퍼스널 트레이너의 길을 걸었고, 새로운 분야의 운동을 하면서 많은 걸 깨닫고 느꼈습니다.

우리에게 운동은 다이어트뿐만 아니라 건강을 위해서 꼭 해야 하는 중요한 부분이 되었습니다. 하지만 어떻게 운동을 해야 하는지, 내가 어떤 운동을 좋아하고 나에게 맞는 운동은 무엇이 있는지 잘 모르시는 분이 많다는 걸 알게 되었습니다. 자신이 좋아하는 운동을 찾아서 즐겁게 운동을 하다 보면 몸도 마음도 건강해진다고 생각합니다. 저 또한 그랬으니까요.

이 책은 요가와 근력 운동을 바탕으로 집에서 따라 할 수 있는 운동 시퀀스로 구성되었습니다. 제가 지금까지 긍정적이고 건강하게 살아온 이유도 운동입니다. 여러분도 이 책을 통해 좀 더 건강하고 즐겁게 운동할 수 있는 시간이 되셨으면 좋겠습니다.

운동하기 싫을 때, 운동하려는 의지가 부족할 때 마음이 편안해지는 음악과 신나는 음악을 통해 몸을 움직여 보세요. 그리고 자신의 몸을 관찰해 보세요. 우리의 몸은 신기하게도 내가 몸을 움직인 시간만큼 솔직해진답니다. 스트레스와 마음이 불안할 땐 호흡을 통해 마음을 가라앉혀보세요. 불안하고 화로 가득 찼던 마음이 차분해지는 걸 느끼실 수 있을 거예요. 몸이 찌뿌둥하거나 나의 유연성을 필요로 할 땐 요가 동작을 해 보세요. 완벽한 동작은 중요하지 않아요. 내가 호흡을 내쉴 때마다 근육이 이완되는 걸 느껴보세요. 욕심을 버리고 그저 나의 몸에 집중해 보세요. 그리고 전신의 근력을 높여주는 맨몸 근력 운동을 해 보세요. 무게를 많이 드는 건 중요하지 않습니다. 나의 근육이 탄탄해지는 걸 느껴보세요.

일주일 동안의 다양한 운동 시퀀스들로 여러분들의 하루하루 습관을 바꿔 보는 건 어떨까요? 다양한 운동법으로 운동하는 것도 좋지만, 같은 동작을 반복하면서 자극을 느끼고 변화를 관찰하는 것 또한 중요합니다. 저는 여러분의 건강한 라이프 스타일을 응원합니다.

운동 코치 김다영

C • O • N • T • E • N • T • S

한 주의 시작,
힐링 요가로 몸을 가볍게 만들기

전신을 부드럽게 연결해 주는
태양 경배 자세: 수리야나마스카라

C • O • N • T • E • N • T • S

수요일

탄력 있고
건강한 뒤태 만들기

목요일

전신 하체 운동으로
칼로리 버닝

금요일

복부와 엉덩이를 탄력 있게,
ABT 홈 트레이닝

토요일

주말에 몸이 가벼워지는
누워서 하는 스트레칭

일요일

명상과 호흡으로
나에게 집중하는 시간 갖기

월요일

M · O · N · D · A · Y

월요일

한 주의 시작,
힐링 요가로 몸을 가볍게 만들기

01 편하게 앉아서 호흡하기

가벼운 호흡은 동작을 하기 전에 몸을 이완시켜 줄 뿐만 아니라 동작을 할 때 부상의 위험도 줄여 줄 수 있습니다. 호흡은 마음의 안정을 가지고 나에게 집중할 수 있는 첫 번째 단계입니다. 처음부터 무리한 호흡을 하지 않고, 호흡이 아직 익숙하지 않다면 호흡의 양과 시간을 조금씩 늘려가는 것이 좋습니다.

엉덩이를 바닥에 안정적으로 고정하고 턱을 당겨서 뒷목을 자연스럽게 늘립니다. 어깨의 긴장을 풀고 척추를 바르게 세우며 양손은 편안하게 무릎 위에 올려놓습니다. 바닥에 다리가 겹치지 않도록 양반다리를 하고 앉습니다. 엉덩이를 좌우로 들썩이며 양쪽 골반의 체중을 고르게 분산 시켜 균형을 잡습니다.

기본적인 호흡은 코로 깊게 마시고 코로 길게 내쉽니다. 호흡이 아직 익숙하지 않으신 분들은 코로 깊게 마시고 입으로 길게 내쉽니다. 모든 생각은 잠시 멈추고 나의 호흡에 집중합니다. 호흡 시간은 3분 정도 진행하며 더 길게 해도 괜찮습니다.

앉은 자세가 불편하신 분들은 엉덩이 아래쪽에 담요를 접어서 앉거나 누워서 호흡을 진행해도 괜찮습니다. 앉아서 호흡을 할 때는 꼬리뼈부터 머리끝까지 바르게 세워준다고 생각하고 최대한 어깨의 긴장감을 풀어 줍니다.

02 가볍게 목 돌리기

목과 어깨의 뭉쳐 있던 근육을 풀어주고 얼굴과 어깨, 팔 주변의 혈액순환을 도와 두통을 예방합니다.

다리를 겹치지 않게 양반다리로 앉습니다. 양손은 편안하게 무릎 위에 올려놓고 고개를 앞으로 숙였다가 옆으로 천천히 돌려 줍니다. 각각 3회씩 회전해 줍니다.

어깨가 따라가지 않게 어깨를 고정하고, 머리를 너무 뒤로 넘기지 말고 목 옆선, 목 뒤쪽에 있는 작은 근육 하나하나까지 이완시킨다는 느낌으로 천천히 돌려 줍니다.

03 앉아서 목 늘리기

목과 어깨의 뭉쳐 있던 근육을 풀어 줍니다. 얼굴과 어깨, 팔 주변의 혈액순환을 도와 두통을 예방합니다. 목 어깨 주변의 근육을 풀어 목선을 아름답게 만들어 줍니다.

바르게 앉은 상태에서 양손은 매트를 짚어 줍니다. 오른손으로 왼쪽 귀 위쪽을 감싸 안고 마시는 숨에 척추를 길게 끌어 올렸다가 내쉬는 숨에 귀와 어깨가 멀어지게 지긋이 당겨 줍니다. 숨을 내쉴 때마다 귀와 어깨가 멀어진다는 느낌으로 지긋이 당겨 줍니다.

반대쪽도 같은 방법으로 진행합니다.

바닥을 짚은 쪽의 어깨가 올라가지 않게 바닥을 짚은 손은 좀 더 멀리 짚어 준다고 생각하고 목 옆 선을 더 길게 늘여 줍니다.

04 어깨 긴장 풀어주기

경직되어 있던 어깨의 긴장감을 풀어 상체를 편안하게 이완할 수 있습니다.

바르게 앉은 자세에서 양 손바닥, 어깨를 낮추고 목이 길어지는 느낌으로 준비합니다.

마시는 숨에 어깨를 귀까지 끌어 올렸다가 내쉬는 숨에 툭 하고 내려놓습니다. 3회 반복합니다.

어깨가 앞으로 말리지 않게 가슴을 펴준 상태에서 동작을 진행합니다.

05 어깨 돌리기

긴장된 승모근의 통증을 완화하고 경직된 어깨관절을 유연하게 해 줍니다.

다리를 겹치지 않게 양반다리로 앉습니다. 허리를 바르게 세우고 손끝을 어깨 위에 가볍게 올려놓습니다.

숨을 들이마시면서 양 팔꿈치를 앞에서 모아 줍니다.

내쉬는 숨에 팔꿈치를 위에서 뒤쪽으로 열면서 처음 자세로 돌아옵니다. 안으로 5회, 밖으로 5회 반복합니다.

Tip

가능한 팔꿈치가 붙도록 해 줍니다. 단순히 어깨만 돌리는 게 아니라 어깨뼈의 움직임에 집중합니다.

06 팔 옆으로 뻗어 늘리기

굳은 어깨 주변을 부드럽게 풀어주며 등과 어깨 쇄골 라인을 예쁘게 만들어 줍니다.

오른팔을 뻗고 왼쪽 팔은 접어서 오른팔을 가슴 쪽으로 당겨 줍니다. 시선은 뻗은 팔의 반대로 향하며 15~20초간 호흡을 유지합니다.

반대쪽도 같은 방법으로 실시합니다.

가슴 쪽으로 당길 때 뻗은 팔이 구부러지지 않도록 손끝으로 근육을 계속 밀어 수평을 유지합니다. 상체는 곧게 세우고 뻗은 팔 쪽으로 따라가지 않도록 주의합니다. 턱과 어깨는 멀어지는 느낌을 유지합니다. 각각 15~20초간 호흡을 유지합니다.

07 앉아서 등 폈다가 등 구부리기

척추의 움직임을 원활하게 해 굽은 등을 교정하고 통증을 완화하며 복부를 단련합니다.

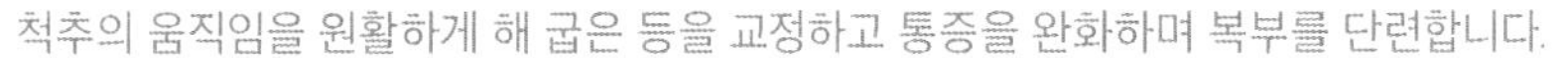

바르게 앉은 자세에서 양손을 깍지 낍니다. 마시는 숨에 허리를 곧게 펴고, 깍지 낀 손은 천장 쪽으로 뻗어 줍니다. 턱은 당겨서 정면을 바라봅니다.

내쉬는 숨에 깍지 낀 양손을 앞으로 밀어내며 등을 동그랗게 말아 줍니다. 날개뼈가 서로 멀어지고 복부는 계속해서 수축됩니다. 이때, 시선은 배꼽을 바라봅니다. 다시 처음 자세로 돌아와 총 3회 반복합니다.

팔을 들어 올릴 때 어깨가 따라 올라가지 않도록 주의하고 최대한 어깨와 귀를 멀리합니다. 양팔을 위로 뻗을 때 최대한 척추를 바로 세우며 손을 앞으로 밀어낼 때는 손바닥을 앞으로 밀어내는 힘 등은 뒤로 밀어내는 힘을 계속 유지합니다.

08 한 팔 들어 허리 측면 늘리기

허리의 유연성을 길러주며 허리 군살 제거에 효과적입니다.
겨드랑이의 림프를 자극해 피로 회복에도 효과적입니다.

뒤꿈치를 앞뒤로 교차해서 앉습니다. 양손은 엉덩이 옆 조금 떨어진 곳을 짚어 줍니다. 마시는 숨에 오른팔을 천천히 올리고 척추를 바르게 세워 줍니다.

내쉬는 숨에 왼쪽 팔꿈치를 접으며 상체를 옆으로 기울입니다. 허리와 겨드랑이가 자극받도록 팔을 멀리 뻗어 줍니다.

Tip

팔을 뻗으며 상체를 기울일 때 오른쪽 골반이 바닥에서 뜨지 않도록 주의하며, 바닥을 짚은 왼쪽 어깨가 긴장하지 않도록 합니다. 상체를 숙이지 않게 집중하며 갈비뼈 사이로 호흡합니다.

반대쪽도 같은 방법으로 진행하며 각각 15회씩 15~20초 동안 유지합니다.

09 다리 털기

발과 다리 전체의 혈액 순환을 원활하게 합니다.

두 다리를 뻗어 골반 너비 정도로 벌리며 양손은 엉덩이 뒤쪽 또는 옆쪽으로 가볍게 짚어 줍니다. 고관절부터 움직인다고 생각하고 발가락을 바깥으로 열었다가 안으로 모았다가 툭툭 털어 줍니다. 같은 동작을 총 10회 진행합니다.

바닥을 짚고 있는 어깨와 손목에 체중이 너무 실리지 않도록 주의합니다.

10 한 다리 접어 상체 숙이기

골반의 위치를 바로 잡아주며, 하체 뒷면을 자극해 하체 붓기를 빼주고 날씬한 다리를 만드는 데 도움이 됩니다. 하복부를 자극시켜 소화기능이 향상됩니다.

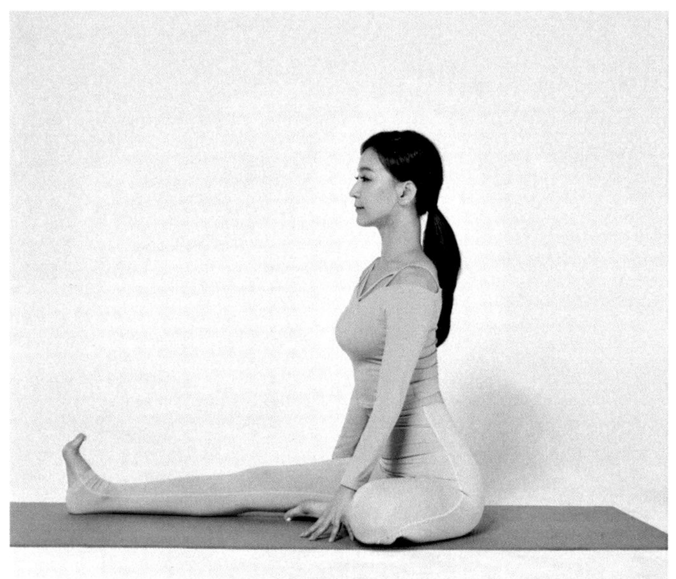

두 다리를 앞으로 곧게 뻗어 앉아 왼쪽무릎을 접어 발바닥을 오른쪽 허벅지 안쪽에 붙여 줍니다. 골반의 정렬을 맞춘 후 양손은 가볍게 바닥을 짚습니다.

마시는 숨에 상체를 위쪽으로 곧게 세우고 내쉬는 숨에 배꼽-가슴 순으로 천천히 내려갑니다. 이때, 턱끝을 살짝 당겨 뒷목을 늘려줍니다. 15~20초 호흡을 유지하고 반대쪽도 같은 방법으로 진행합니다.

Tip

상체를 숙일 때 허리가 구부러지지 않도록 상체를 바르게 세우고 발가락은 상체 쪽으로 당겨 줍니다.

11 정면 보고 한 다리 접어 상체 옆으로 기울이기

골반에서 옆구리, 겨드랑이까지 이어지는 옆선을 날씬하게 만들어 주며 뻗은 다리 허벅지 안쪽의 군살을 제거하는 데 도움이 됩니다. 또한, 굽어진 상체를 바르게 잡아 줍니다.

바르게 앉은 자세에서 왼쪽 다리를 옆으로 펴 주고 뻗은 다리의 발끝은 몸통 쪽으로 당겨 줍니다.

왼쪽 정강이나 발을 잡은 채로 오른쪽 팔을 위로 뻗습니다. 호흡을 마시면서 허리를 곧게 세우고, 내쉬는 숨에 상체를 옆으로 기울입니다. 시선은 천장을 향하고 호흡은 15~20초 유지합니다. 반대쪽도 같은 방법으로 진행합니다.

양쪽 골반을 나란히 맞추고 상체를 옆쪽으로 기울일 때, 골반과 엉덩이가 바닥에서 뜨지 않도록 주의하며 무릎도 바닥에서 뜨지 않도록 합니다. 옆으로 기울어진 자세에서 상체를 앞으로 숙이지 않게 위로 뻗은 어깨를 천장 쪽으로 열어 줍니다. 시선을 천장으로 두기 힘들다면 정면을 바라봅니다.

12 소, 고양이 자세

척추 주변의 근육의 힘으로 척추를 움직여 틀어진 척추를 교정합니다. 척추의 유연성을 길러 주며, 복부와 등이 수축과 이완되어 등과 복부의 근력을 향상해 줍니다.

테이블 포즈

바닥에 무릎을 대고 테이블 포즈를 만듭니다. 골반 아래 무릎이 오고, 어깨 아래 손목이 오도록 자세를 잡습니다.

소 자세

마시는 숨에 허리를 오목하게 만들고 꼬리뼈는 위쪽으로 들어 올립니다. 무게 중심이 앞으로 쏠리지 않도록 하고 시선은 자연스럽게 위쪽을 바라봅니다.

고양이 자세

내쉬는 숨에 등을 동그랗게 말아 배꼽을 바라봅니다. 손바닥은 바닥을 밀어내고 복부는 강하게 수축시킵니다. 소, 고양이 자세를 함께 총 5회 진행합니다.

Tip

골반과 어깨의 움직임 없이 척추의 움직임만으로 동작을 진행합니다.

13 한쪽 어깨 바닥에 대고 반대 팔 넘기기

어깨를 열어줌으로써 굽은 등과 어깨를 바로잡아주고, 척추를 비틀어 주는 자세로 척추 전체의 골격과 근육을 강화해 줍니다.

테이블 포즈로 준비 자세를 취합니다. 손과 무릎은 바닥에 대고, 어깨 아래에 손목이 오도록 합니다. 다리는 골반 너비로 벌리고 골반 아래 무릎이 오도록 합니다. 시선은 자연스럽게 아래를 향하고 호흡을 편안하게 유지합니다. 이때, 무게 중심이 손목과 어깨에 실리지 않도록 주의합니다.

오른팔을 왼쪽 가슴 밑, 바닥으로 깊숙이 밀어 보냅니다. 오른쪽 어깨와 오른쪽 얼굴을 바닥에 가볍게 내려놓습니다.

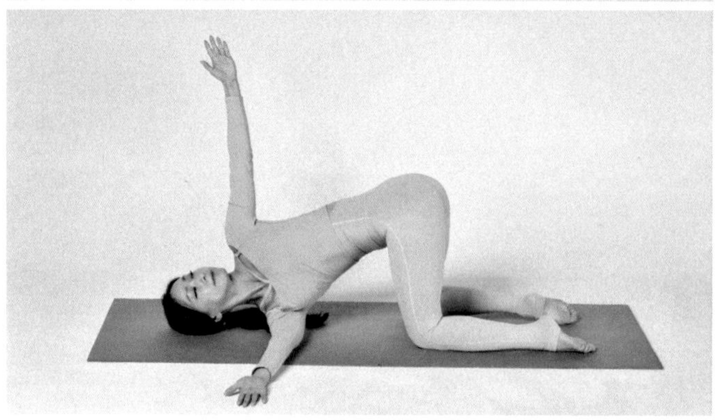

왼쪽팔을 천장으로 뻗어 올리며 가슴과 어깨를 열어 줍니다. 마시고 내쉬는 호흡을 15~20초 유지하고 반대쪽도 같은 동작을 반복합니다.

어깨와 손목에 무게 중심이 실리지 않도록 허리와 복부의 힘을 단단히 유지합니다. 바닥에 놓인 어깨가 뜨지 않도록 주의하며 팔만 넘기는 느낌보다는 왼쪽 가슴을 천장 쪽으로 열어 준다는 느낌으로 상체를 열어 줍니다.

14 코브라 자세

척추를 교정하며 혈액순환을 원활하게 해서 우울감을 해소하는 데 도움을 주는 동작입니다.

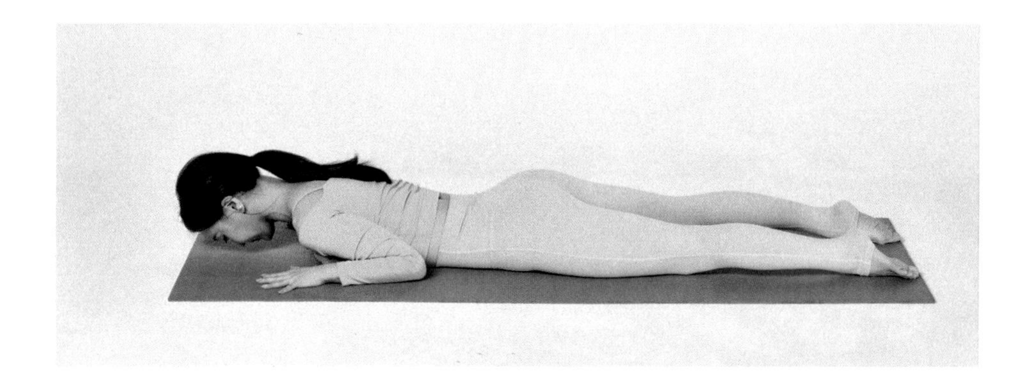

엎으려 누운 자세에서 양발은 골반 너비로 벌리고 양쪽 손바닥은 겨드랑이 쪽 바닥에 놓습니다. 어깨의 긴장을 풀고 준비 자세를 만들어 줍니다.

마시는 숨에 손바닥으로 바닥을 밀면서 천천히 상체를 세우고 가슴을 열어 확장하고 등을 모아 줍니다. 허리를 꺾는 느낌보다는 엉덩이를 조이고 귀와 어깨가 멀어지게 합니다. 시선은 자연스럽게 위쪽을 향하도록 하고 천천히 배, 가슴, 이마 순서로 내려옵니다. 호흡은 15~20초 유지합니다.

Tip

하복부가 바닥에서 지나치게 뜨지 않도록 주의합니다. 상체를 많이 들어 올리기 힘드신 분들은 양쪽 손바닥을 조금 멀리 짚어서 상체를 세워 줍니다.

15 바르게 누워 상체 트위스트

척추 주변과 엉덩이 근육을 이완시켜 줍니다.

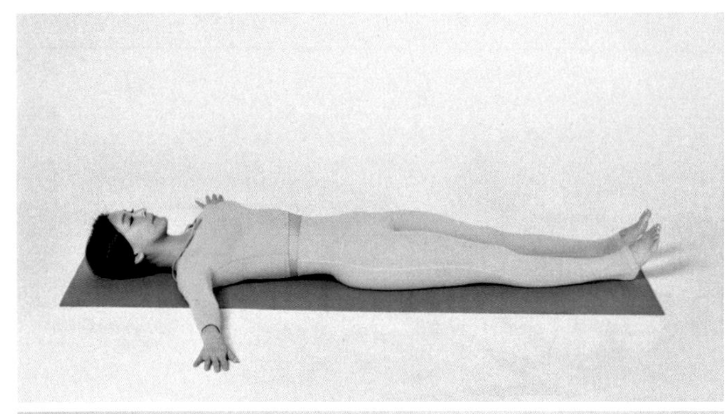

바르게 천장을 보고 누운 상태에서 양손은 옆으로 놓아 줍니다.

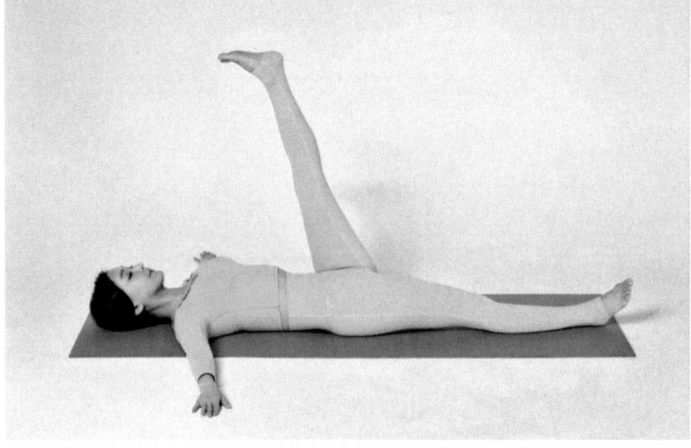

왼쪽 다리를 천장 쪽으로 뻗어 줍니다.

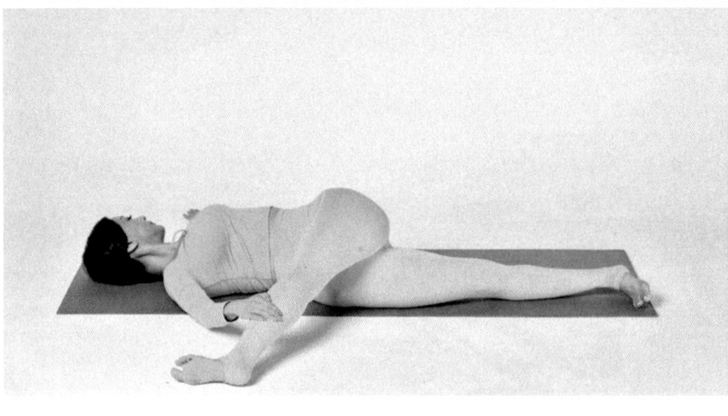

오른손으로 왼쪽 정강이 바깥쪽을 잡고 왼쪽 다리를 오른쪽 바닥 쪽으로 내려 줍니다. 시선은 왼쪽을 향하도록 합니다. 호흡은 15~20초 유지하고, 반대쪽도 같은 방법으로 진행합니다.

다리를 펴기 힘드신 분들은 다리를 접어서 진행하며 양쪽 어깨가 바닥에서 뜨지 않도록 주의합니다. 바닥에 놓여 있는 어깨가 불편하다면 손바닥을 천장을 향하도록 놓아 줍니다. 강하게 한번에 넘기는 느낌보다는 호흡을 통해서 지긋이 가동범위를 넓혀 줍니다.

16 누운 나비 자세

월

난소, 전립샘, 방광, 신장 같은 기관의 기능을 활성화하고 심장과 전신의 혈액순환을 도와줍니다. 허벅지 안쪽과 무릎 스트레칭이 되고, 스트레스와 생리통을 완화할 수 있습니다.

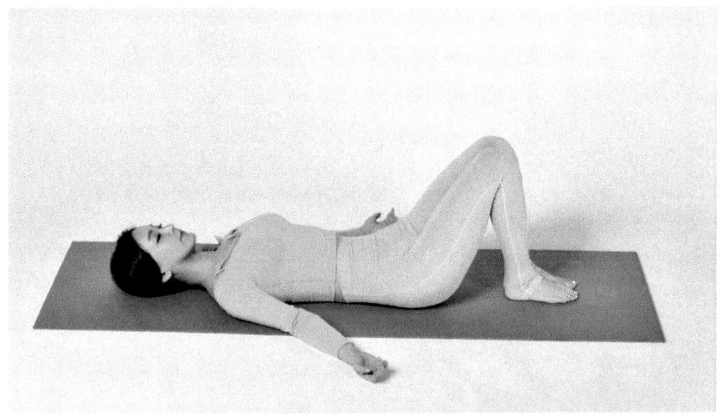

천장을 보고 누운 자세에서 무릎을 모아 세워 줍니다.

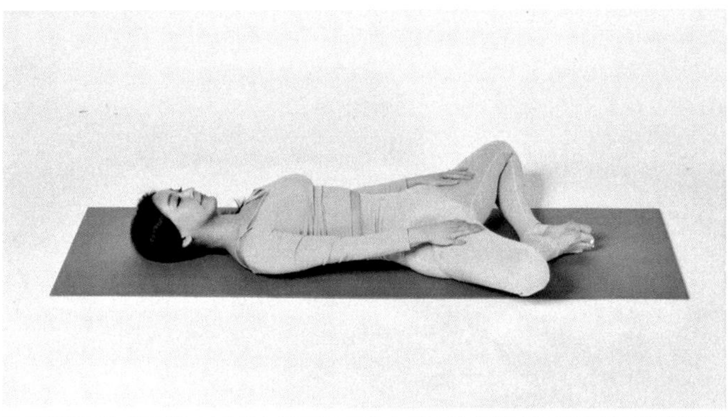

무릎을 열고 발바닥은 서로 붙여 줍니다. 양손은 가볍게 허벅지 위에 올려놓습니다. 고관절에 힘을 풀어 하체에 힘이 들어가지 않도록 이완시켜 줍니다.

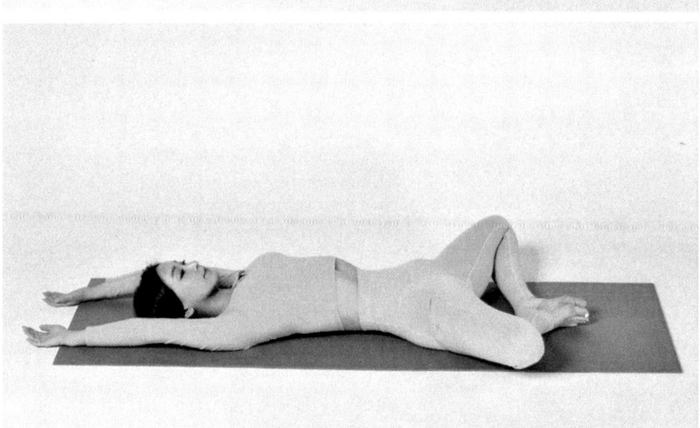

다리를 열고 있는 자세에서 양쪽 팔을 귀 옆으로 뻗어 줍니다. 마시는 숨에 어깨와 귀를 가까이해주고, 내쉬는 숨에 어깨의 힘을 툭 풀어줍니다. 계속해서 하체는 긴장감을 풀어 줍니다. 마시고 내쉬는 숨을 3회 반복하여 유지합니다.

Tip

골반과 허벅지 안쪽의 긴장감을 최대한 풀고 사타구니나 무릎이 불편하다면 담요를 깔고 동작을 진행합니다.

17 모관 운동

모관 운동은 모세 혈관을 진동시켜 주는 운동법이고 혈액 순환에 좋으며 팔다리의 피로를 풀어줄 수 있습니다. 신진대사를 활발하게 해 주기 때문에 불면증에도 효과적입니다. 평소에 팔다리의 순환이 안 되는 분들은 일어나, 자기 전에 모관 운동을 해 주면 혈액 순환에 도움이 됩니다.

누운 자세에서 팔과 다리를 천장 쪽으로 올리고 가볍게 털어 줍니다.

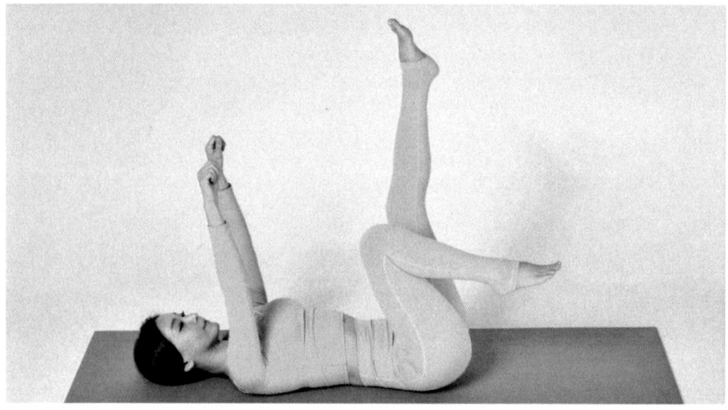

발뒤꿈치를 사용해 허벅지 뒷면을 툭툭 쳐 주고 팔을 계속해서 가볍게 털어 줍니다.

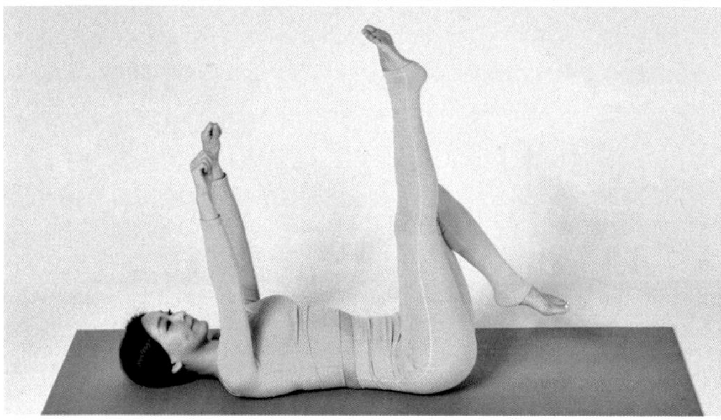

2분 정도 지속한 뒤, 팔다리의 힘을 풀어 툭 가볍게 내려놓습니다.

팔다리의 힘이 너무 강하게 들어가지 않게 힘을 풀어 툭툭 털어 준다는 느낌으로 팔다리 전체를 움직여 줍니다.

18 휴식 자세로 눕기 : 사바아사나

심신을 안정시켜 몸을 이완해 주며 두통, 피로, 불면증을 가라앉힙니다. 스트레스를 해소하는 데 도움이 됩니다.

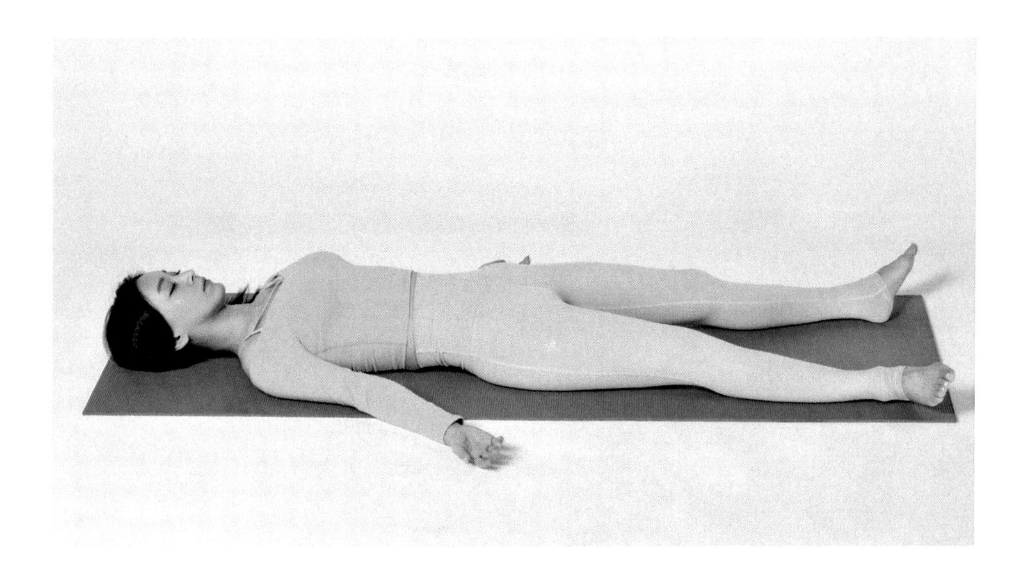

전신의 긴장을 풀고 바로 누운 자세에서 발은 골반 너비로 벌려 주고, 겨드랑이는 주먹 하나가 들어갈 정도로 벌립니다. 손바닥은 천장을 향해 놓습니다. 눈을 지그시 감고 몸 전체의 긴장감을 풀어 줍니다. 호흡을 자연스럽게 이어갑니다. 2분~5분 정도 쉬어 줍니다.

Tip

몸과 감각 기관을 동시에 진정시켜 줍니다.

정리하기

17 모관 운동
16 누운 나비 자세
15 바르게 누워 상체 트위스트
18 휴식 자세로 눕기:사바아사나
14 코브라 자세
13 한쪽 어깨 바닥에 대고 반대 팔 넘기기
10 한 다리 접어 상체 숙이기
12 소, 고양이 자세
11 정면 보고 한 다리 접어 상체 옆으로 기울이기

월

01 편하게 앉아서 호흡하기

02 가볍게 목 돌리기

03 앉아서 목 늘리기

04 어깨 긴장 풀어주기

05 어깨 돌리기

06 팔 옆으로 뻗어 늘리기

07 앉아서 등 폈다가 등 구부리기

08 한 팔 들어 허리 측면 늘리기

09 다리 털기

화요일

T · U · E · S · D · A · Y

화요일

전신을 부드럽게 연결해 주는
태양 경배 자세: 수리야나마스카라

태양 경배 자세는 물 흐르듯이 연결되는 가장 기본적인 요가 자세를 말합니다. 동작을 통해 전신을 부드럽게 마사지해 주고, 각각의 동작은 몸을 균형 있게 해 줍니다. 허리와 척추의 유연성 및 관절 마디마디에 탄력성을 증가 시켜 몸을 따뜻하게 만드는 데 효과적입니다.
먼저 정확한 동작을 연습하고, 각각의 동작을 연결해서 반복해 주면 전신을 따뜻하게 만들어 줍니다. 초보자는 연결 동작으로 3~5회, 중급자는 5회~10회를 추천합니다.

준비 운동

01 아기 자세

효과

골반과 허벅지, 발목을 가볍게 스트레칭해 줄 수 있습니다. 뇌를 진정시키고 스트레스와 피로를 해소할 수 있습니다.

무릎을 접은 상태에서 살짝 열어 주며 상체를 천천히 숙여 줍니다. 엉덩이가 뒤꿈치에 닿게 무게 중심을 주고, 양손은 앞으로 뻗거나 엉덩이 옆에 놓아 줍니다. 이마를 바닥에 두고 목이 불편하신 분들은 한쪽 뺨을 바닥에 내려놓습니다. 호흡과 함께 2분~3분 유지합니다.

Tip

이 자세가 불편한 분들은 담요나 쿠션을 대고 동작을 진행하셔도 좋습니다.

02 소, 고양이 자세

척추 주변의 근육의 힘으로 척추를 움직여 틀어진 척추를 교정합니다. 척추의 유연성을 길러주며, 복부와 등이 수축과 이완되어 등과 복부의 근력을 향상해 줍니다.

테이블 포즈

바닥에 무릎을 대고 테이블 포즈를 만듭니다. 골반 아래 무릎이 오고, 어깨 아래 손목이 오도록 자세를 잡습니다.

소 자세

마시는 숨에 허리를 오목하게 만들고 꼬리뼈는 위쪽으로 들어 올립니다. 무게 중심이 앞으로 쏠리지 않도록 하고 시선은 자연스럽게 위쪽을 바라봅니다.

고양이 자세

내쉬는 숨에 등을 동그랗게 말아 배꼽을 바라봅니다. 손바닥은 바닥을 밀어내고 복부는 강하게 수축시킵니다. 소, 고양이 자세를 함께 총 5회 진행합니다.

골반과 어깨의 움직임 없이 척추의 움직임만으로 동작을 진행합니다.

03 고양이 스트레칭

척추 건강에 좋으며 목, 어깨, 등, 허리 부위의 피로를 풀어 줍니다. 어깨나 등이 굽는 증상을 예방할 수 있습니다.

테이블 포즈에서 한 손씩 앞으로 짚어가며 상체를 숙여 줍니다.

골반이 따라가지 않게 골반 아래는 무릎이 놓이게 하고 가슴과 겨드랑이를 바닥에 붙여 줍니다. 등의 긴장을 풀고 호흡을 15~20초 이어갑니다. 한 손씩 다시 짚어서 처음 자세로 돌아옵니다.

무리하게 가슴을 바닥에 대려고 하지 않고, 가슴과 겨드랑이가 바닥에 닿지 않는 분들은 양손으로 주먹을 만들어 탑을 쌓아 이마에 대고 가슴과 바닥에 가까워지도록 자세를 이어갑니다.

04 종아리 스트레칭

다운독 자세 전 종아리 근육을 풀어 줄 수 있습니다. 예쁘고 가는 종아리 라인을 만드는 데 도움이 됩니다.

테이블 포즈에서 왼쪽 다리를 뻗고 발가락을 세워 줍니다.

무게 중심을 앞으로 두면서 발등을 뻗었다가, 내쉬는 숨에 무게 중심을 뒤로 주면서 발가락을 당깁니다.

마시는 숨에 다시 앞으로 갔다가 내쉬면서 뒤로 무게 중심을 옮기고 종아리 근육을 이완해 줍니다. 테이블 포즈로 마무리합니다. 반대쪽도 같은 방법으로 진행하며 양쪽 5번씩 진행합니다.

무게 중심을 뒤꿈치 쪽으로 실을 때 한번에 힘을 과하게 실어 주는 것보다 지그시 눌러 주는 느낌으로 동작을 진행합니다. 엉덩이가 빠지지 않도록 코어를 잡은 상태에서 동작을 진행합니다.

05 다운독 자세
: 아도무카스바나 아사나

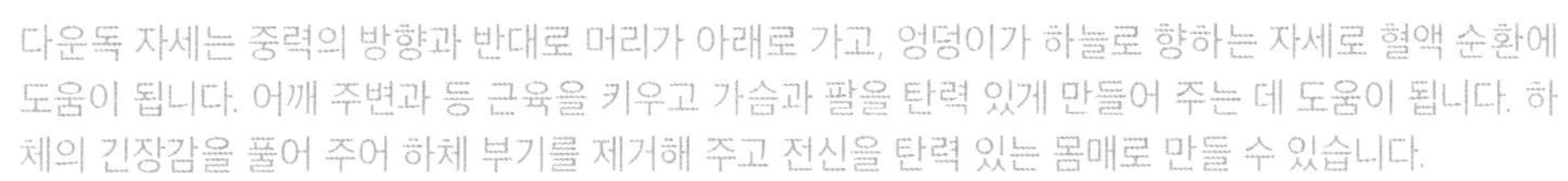

다운독 자세는 중력의 방향과 반대로 머리가 아래로 가고, 엉덩이가 하늘로 향하는 자세로 혈액 순환에 도움이 됩니다. 어깨 주변과 등 근육을 키우고 가슴과 팔을 탄력 있게 만들어 주는 데 도움이 됩니다. 하체의 긴장감을 풀어 주어 하체 부기를 제거해 주고 전신을 탄력 있는 몸매로 만들 수 있습니다.

테이블 포즈에서 엉덩이 무게 중심을 뒤로 둡니다. 손바닥을 밀어내며 엉덩이를 천장 쪽으로 밀어 주면서 다리를 펴 줍니다. 양발 사이는 주먹 하나 반 너비로 벌리고, 두 번째 발가락과 뒤꿈치는 일직선으로 둡니다. 손바닥은 활짝 펴서 오리발처럼 만들고, 어깨와 손목에 체중이 많이 실리지 않도록 손바닥을 바닥에서 밀며 무게 중심을 뒤꿈치로 실어 줍니다. 호흡은 5회 유지합니다.

연결 동작으로 마시는 숨에 한 발씩 앞으로 와 손과 손 사이에 둡니다. 무릎을 살짝 구부린 상태에서 마시면서 양손을 옆으로 펼쳐내며 상체를 일으켜 줍니다.

태양 경배 자세에서 다운독은 많이 나오는 동작입니다. 초보자들은 무리하지 않으며 처음부터 완벽한 자세를 만들기보다는 신체 컨디션에 맞춰서 연습을 해 줍니다. 다리 뒤쪽이 타이트한 분들은 무릎을 살짝 구부려서 연습합니다. 다리를 펴는 것보다 허리를 펴주는 게 중요하기 때문에 등이 구부러지지 않았는지 집중합니다. 어깨와 손목에 무게 중심이 실리지 않도록 손바닥으로는 계속 매트를 밀어냅니다.

태양
경배
자세

수리야나마스카라

01 양팔 벌려 머리 위에서 합장 : 우르드바 하스타 아사나

굽어진 복부, 겨드랑이와 어깨를 펴 주며 소화를 도와줍니다. 자세를 바르게 만들어 주고 폐 기능을 향상시켜 줍니다.

일자로 선 자세에서 양팔을 편안하게 내려놓고 두 발의 엄지발가락은 붙이거나 조금만 벌려 줍니다. 양팔을 부드럽게 올려 손바닥을 붙여 줍니다. 시선은 위로 올려 엄지를 바라봅니다.

어깨는 귀와 멀어져야 하고 날개뼈가 어깨를 따라 올라가지 않도록 등 근육을 사용해서 계속 내려 줍니다. 다리는 곧게 펴 발바닥을 땅에 붙여 토대를 단단하게 잡아줍니다. 무릎 관절을 사용하지 않도록 주의하며 양손을 올렸을 때 손바닥이 붙지 않으면 손바닥을 서로 마주 보도록 동작을 진행합니다.

02 상체 숙이기
: 우타나아사나

머리가 심장 아래로 오면서 혈액 순환을 촉진시켜 줍니다. 허리, 엉덩이, 종아리, 다리 전체를 스트레칭해 주며 두통과 불면증을 완화하는 데 도움을 줍니다. 소화를 촉진시키고, 신장에도 좋은 자세입니다.

두발을 모아 엄지발가락을 붙이고 상체를 앞으로 구부립니다. 체중이 두발에 골고루 실렸다면 두 손을 양발바닥 옆에 놓습니다. 허벅지 근육을 사용해 다리가 바깥으로 벌어지지 않게 하며 배꼽이 허벅지에 닿는 느낌을 유지합니다. 등이 동그랗게 말리는 분들은 무릎을 살짝 접어서 진행합니다.

허리 부상이 있었다거나 좌골신경통, 녹내장 등이 있으셨던 분들은 주의합니다. 동작을 하기 전에 다리 뒷면을 스트레칭해 주고 동작을 진행하면 조금 더 편안한 느낌이 들 수 있습니다.

03 반 상체 숙이기
: 아르다 우타나아사나

척추의 긴장을 풀어 주어 등 하부 통증 감소에 효과적입니다.

숨을 마시며 무릎과 등을 펴고 시선은 정면을 바라봅니다. 앞의 상체 숙이기 자세에서 상체를 반만 들어 손끝을 바닥에 닿게 합니다. 시선은 계속 정면을 향하고 무게 중심은 발끝으로 보냅니다. 가슴은 정면을 향하게 밀어내고 척추를 바르게 폅니다.

척추가 바르게 펴지지 않는 분들은 무릎을 살짝 구부려서 척추를 펴 주고 정면 시선을 바라볼 때 목이 꺾이지 않게 주의해 줍니다. 만약에 시선을 정면으로 두기 힘들다면 바닥 멀리 시선을 둡니다. 숙련자분들은 손끝이 엄지발가락 위치까지 오게 합니다.

04 팔 굽혀 엎드리기 : 차투랑가 단다아사나

등, 어깨, 팔, 복부 근육을 강하게 단련시켜 주며 손목을 강하게 만들고 유연하게 해 줍니다. 이 자세를 할 때는 몸이 올바르게 정렬되어야 합니다.

바닥을 짚고 한 발 한 발 뒤로 보내서 힙을 낮추어 몸을 일자로 만듭니다. 복부와 엉덩이에 힘을 단단히 줍니다.

숨을 마시면서 바닥에 무릎과 가슴을 차례로 대고 내려갑니다. 이때, 뒤꿈치가 벌어지지 않게 몸통에 붙여서 내려갑니다.

가슴에 이어 턱과 이마를 바닥에 댑니다. 골반보다는 가슴을 먼저 붙이면서 내려갑니다.

산모 혹은 어깨나 손목에 부상이 있는 분들은 주의합니다. 어깨 아래에 손목이 오도록 하며, 엉덩이가 솟지 않게 몸을 일자로 만들어 줍니다. 팔꿈치가 벌어지지 않게 주의합니다.

05 위로 향한 견 자세
: 우르드바 무카 스바나아사나

몸 전체를 스트레칭하고 허리 통증을 완화할 수 있습니다. 이외에도 소화력 향상과 스트레스 및 불안감 감소, 뱃살 제거 등 다양한 효과를 얻을 수 있습니다.

코브라 자세

바닥에 배를 대고 누운 다음 팔을 앞으로 뻗어 줍니다. 골반과 다리를 땅에 붙인 상태에서 손바닥으로 바닥을 살짝 밀어내면서 상체를 세워 줍니다. 시선은 정면 또는 위를 바라보고 호흡을 유지합니다.

귀가 어깨에 붙지 않도록 하고 목이 길어진다는 느낌을 유지합니다. 등 위쪽 날개뼈는 조여 준다고 생각하며 호흡을 유지합니다.

06 아래로 향한 견 자세
: 아도 무카 스바나아사나

피로를 없애고 원기로 회복시켜 주며 어깨 주위의 경직을 풀어 줍니다. 몸통이 낮춰져 있으므로 심장에 무리 없이 심장과 머리로 혈액을 순환시켜 줍니다. 뇌의 피로를 풀어 줍니다. 다리 라인은 물론이고 굽은 등과 몸을 교정하는 데 도움이 되는 자세입니다.

테이블 자세에서 엉덩이를 살짝 낮춥니다.

손바닥을 밀어내며 엉덩이를 천장 쪽으로 올리면서 다리를 펴 줍니다. 무게 중심이 손목과 어깨에 실리지 않도록 뒤꿈치 쪽으로 무게를 실어 줍니다. 발과 발 사이는 주먹 두 개 정도 들어갈 수 있도록 공간을 만들어 주며 시선은 발을 바라봅니다. 복부를 당겨 주며 5회 정도 호흡을 이어갑니다.

연결 동작으로 숨을 마시며 한 발씩 앞으로 나아갑니다.

다리를 다 펴기 힘든 분들은 무릎을 살짝 구부려서 척추가 바르게 펴질 수 있도록 자세를 잡아 줍니다.

07 반 상체 숙이기
: 아르다 우타나아사나

척추의 긴장을 풀어 주어 등 하부 통증 감소에 효과적입니다.

숨을 마시며 무릎과 등을 펴고 시선은 정면을 바라봅니다. 앞의 상체 숙이기 자세에서 상체를 반만 들어 손끝을 바닥에 닿게 합니다. 시선은 계속 정면을 향하고 무게 중심은 발끝으로 보냅니다. 가슴은 정면을 향하게 밀어내고 척추를 바르게 폅니다.

척추가 바르게 펴지지 않는 분들은 무릎을 살짝 구부려서 척추를 펴 주고 정면 시선을 바라볼 때 목이 꺾이지 않게 주의해 줍니다. 만약에 시선을 정면으로 두기 힘들다면 바닥 멀리 시선을 둡니다. 숙련자분들은 손끝이 엄지발가락 위치까지 오게 합니다.

08 상체 숙이기
: 우타나아사나

머리가 심장 아래로 오면서 혈액 순환을 촉진시켜 줍니다. 허리, 엉덩이, 종아리, 다리 전체를 스트레칭해 주며 두통과 불면증을 완화하는 데 도움을 줍니다. 소화를 촉진시키고, 신장에도 좋은 자세입니다.

두발을 모아 엄지발가락을 붙이고 상체를 앞으로 구부립니다. 체중이 두발에 골고루 실렸다면 두 손을 양발바닥 옆에 놓습니다. 허벅지 근육을 사용해 다리가 바깥으로 벌어지지 않게 하며 배꼽이 허벅지에 닿는 느낌을 유지합니다.

등이 동그랗게 말리는 분들은 무릎을 살짝 접어서 진행합니다. 내쉬는 숨에 배꼽과 허벅지 가까이 해 줍니다.

허리 부상이 있었다거나 좌골 신경통, 녹내장 등이 있으셨던 분들은 주의합니다. 동작을 하기 전에 다리 뒷면을 스트레칭해 주고 동작을 진행하면 조금 더 편안한 느낌이 들 수 있습니다.

09 손 위로 뻗는 자세

굽은 복부와 겨드랑이, 어깨를 펴 주며 소화를 도와줍니다. 자세를 바르게 해 주고 폐 기능을 향상 시켜 줍니다.

바르게 신 자세에서 양팔을 편안하게 내려놓고 두 발의 엄지 발가락은 붙이거나 조금만 벌려 줍니다. 양팔을 부드럽게 올려 손바닥을 붙여 줍니다. 시선은 위로 올려 엄지를 바라봅니다.

어깨는 귀와 멀어져야 하고 날개뼈가 어깨를 따라 올라가지 않도록 등 근육을 사용해서 계속 내려 줍니다. 다리는 곧게 펴 발바닥을 땅에 붙여 토대를 단단하게 잡아 줍니다. 무릎 관절을 사용하지 않도록 주의하며 양손을 올렸을 때 손바닥이 붙지 않으면 손바닥을 서로 마주 보도록 동작을 진행합니다.

정리하기

08 상체 숙이기:우타나아사나

07 반 상체 숙이기
: 아르다 우타나아사나

마시며 오른 발 왼 발 앞으로
내쉬며 다리모으고

06 아래로 향한 견 자세
: 아도 무카 스바나아사나

05 마위로 향한 견 자세
:우르드바 무카 스바나아사나

03 반 상체 숙이기
: 아르다 우타나아사나

04 팔 굽혀 엎드리기
: 차투랑가 단다아사나

준비 운동 **01** 아기 자세

02 소, 고양이 자세

03 고양이 스트레칭

04 종아리 스트레칭

05 다운독 자세
: 아도무카스바나 아사나

태양 경배 자세: 수리야나마스카라

01 양팔 벌려 머리 위에서 합장
: 우르드바 하스타 아사나

02 상체 숙이기:우타나아사나

수요일

W · E · D · N · E · S · D · A · Y

수요일

탄력 있고
건강한 뒤태 만들기

뻣뻣하고 굳은 상체를 풀어 주고 허리 근육과 허벅지 뒷면을 강화시켜 주는 동작들입니다. 수요일 운동에 들어가기 전, 근육이 많이 긴장된 분들은 월요일 힐링 요가 동작으로 몸을 풀어 주고 시작합니다.

01 가볍게 상체 긴장 풀어 주기

굳어 있는 어깨 주변 근육을 이완시켜 줄 수 있습니다.

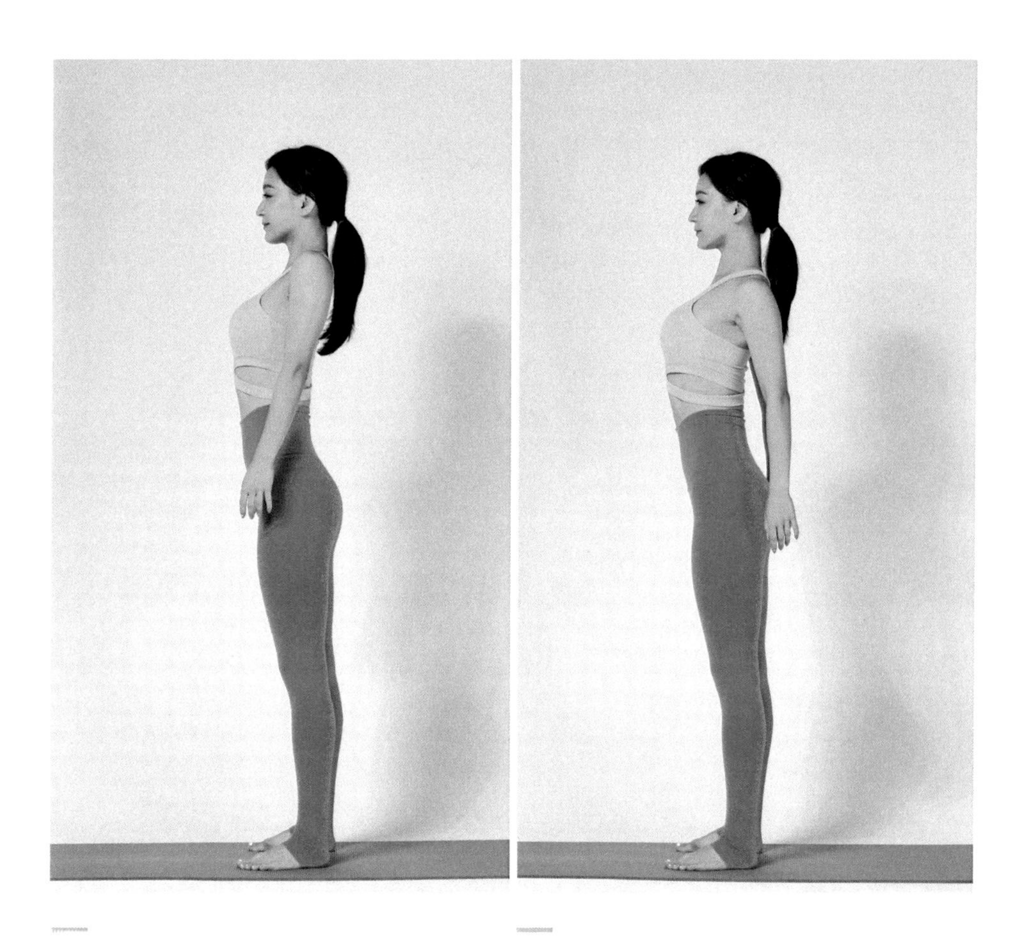

바르게 선 자세에서 어깨를 으쓱 귀까지 끌어 올리고 툭 하고 내려놓습니다.

어깨 뒤쪽으로 날개뼈를 모아 수는 느낌으로 원을 그리며 내려 줍니다. 3회~5회 반복합니다.

02 맨몸 굿모닝 익스텐션 변형 동작

허리 근력 강화, 허벅지 뒷면 근력을 강화하는 데 도움이 됩니다. 초보자분들은 무릎을 구부려서, 숙련자분들은 무릎을 펴고 진행합니다. 무릎을 펼수록 다리 뒷면의 스트레칭이 더 많이 됩니다.

가슴을 편 자세에서 양손을 가슴 앞으로 크로스합니다. 엉덩이를 뒤쪽으로 쭉 빼고 무릎을 구부려 줍니다.

무릎이 발가락 앞으로 밀리지 않도록 다리는 고정하고, 인사하듯이 상체를 90도로 접어 주면서 내려갑니다. 허리는 굽히지 않은 채 바른 상태를 유지하고, 엉덩이를 살짝 위로 밀어주듯이 내려갑니다. 많이 내려가기 힘든 분들은 가능한 만큼만 내려갑니다 상체를 많이 내리기보다는 허리가 곧게 펴진 상태를 유지합니다.

발바닥을 바닥을 밀어내듯 허리에 힘을 주어 상체를 올려 줍니다. 다리는 그대로 두고 상체만 올려 준다는 느낌으로 올라옵니다. 15회씩 3세트 반복합니다.

» 어깨나 허리가 말리는 분들을 위한 양손 머리 뒤 동작

무릎을 구부린 상태에서 양손은 머리 뒤로 해 줍니다.

가슴을 열어 주는 느낌으로 허리를 펴고 상체를 숙여 줍니다. 상체를 숙여 줍니다. 이때, 팔꿈치가 모이지 않게 주의하며 빠르지 않게 천천히 내려갑니다.

발바닥을 바닥을 밀어내듯 허리에 힘을 주어 등의 견갑골을 더 조여주는 느낌으로 상체를 올려 줍니다. 다리는 그대로 두고 상체만 올려 준다는 느낌으로 올라옵니다.

내려갈 때 허리가 구부러지면 부상의 위험이 있으므로 주의합니다.

03 플립 익스텐션

어깨 뒷부분을 강화시켜 주는 동작으로 승모근 등의 일부도 자극합니다. 다리는 고정된 자세로 하체 근력 강화에 도움이 됩니다.

무릎을 구부린 자세에서 양손은 가슴 앞으로 뻗어 손바닥을 마주 보게 합니다.

양팔을 옆으로 열어 주고 날개뼈를 조여 주는 힘을 유지합니다. 1~2초간 수축된 자세를 유지한 후 다시 처음 자세로 돌아와 반복해 줍니다. 10회씩 3세트 진행합니다.

어깨에 힘이 많이 들어가지 않게 주의하며 어깨와 귀가 멀어진 상태에서 동작을 진행합니다.

04 맨몸 데드리프트

허벅지 뒷면 햄스트링과 엉덩이, 허리 근육을 강화해 줍니다. 데드리프트는 전신의 주요 근육군을 모두 발달 시켜 주기 때문에 맨몸 데드리프트가 익숙해졌다면 무게를 들고 하는 것도 추천합니다. 데드리프트의 종류에는 여러 가지가 있는데, 이번 동작은 상체의 등 근육 발달과 하체 근육 발달에 도움이 됩니다.

바르게 서서 어깨를 펴고 손바닥을 허벅지 위에 올려놓습니다.

허벅지와 무릎을 스치듯이 상체를 내려 줍니다. 이때, 허리가 굽혀지지 않도록 엉덩이를 뒤로 밀어내듯이 내려갑니다. 올라올 때도 역시 허리를 주의합니다. 15회씩 3세트 진행합니다.

Tip

무릎을 살짝 구부린 자세에서 엉덩이를 뒤로 밀듯이 내려가고 시선은 바닥 멀리 바라봅니다. 허리가 굽혀지면 운동 효과를 볼 수 없기 때문에 허리를 펼 수 있는 데까지 내려가고 점차 가동 범위를 넓혀 줍니다.

05 선 소, 고양이 자세

긴장되었던 등과 척추 주변의 근육을 이완시킬 수 있습니다.

무릎을 살짝 구부리고 무릎 위쪽으로 양손을 올려 줍니다. 숨을 내쉬면서 등을 동그랗게 말아 줍니다. 이때, 시선은 배꼽에 두고 복부가 수축되는 걸 느낍니다.

마시는 숨에 가슴을 앞으로 밀어내면서 등을 오목하게 만들어 줍니다. 3~5회 반복합니다.

초보자분들은 먼저 동작 별로 15회씩 총 3세트 바른 자세를 만들어 연습해 줍니다. 자세가 바르게 나오는 숙련자분들은 한 동작당 15회 1세트로 전체 동작을 3세트 진행합니다.

정리하기

01 가볍게 상체 긴장 풀어 주기

02 맨몸 굿모닝 익스텐션 변형 동작

03 플립 익스텐션

04 맨몸 데드리프트

05 선 소, 고양이 자세

목요일

T · H · U · R · S · D · A · Y

전신 하체 운동으로
칼로리 버닝

운동 전 충분한 스트레칭은 부상을 예방할 수 있습니다. 목요일 운동은 대근육을 사용하는 전신 운동 동작이 많습니다. 평소 운동을 잘 하지 않거나 몸이 많이 굳은 느낌이 든다면 충분한 스트레칭을 한 뒤 본 운동을 시작하세요.

01 고관절 둔근 스트레칭

하체 운동을 하기 전에 수축된 근육을 이완할 수 있습니다.

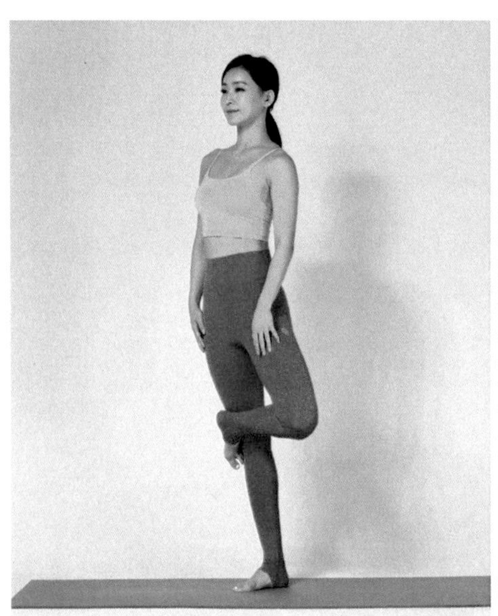

바르게 선 자세에서 오른쪽 다리를 접어 반대쪽 무릎 위쪽에 올립니다.

그 상태에서 중심을 잘 잡으며 의자에 앉듯 내려갑니다. 마지막 동작에서 10초 유지합니다. 같은 방법으로 반대쪽도 진행합니다.

상체는 구부러지지 않게 바르게 세워 줍니다. 골반은 기울어지지 않게 정렬은 맞춰줍니다. 중심을 잡기 힘드신 분들은 의자나 벽을 잡고 스트레칭하셔도 좋습니다.

02 풀 스쿼트 워밍업

깊게 앉는 자세로 고관절과 엉덩이 근육을 스트레칭할 수 있습니다.

골반 넓이보다 조금 넓게 발목을 잡고 앉습니다.

허리는 바르게 세우고 그 상태에서 엉덩이만 천장 쪽으로 올려서 무릎을 펴 줍니다. 유연성이 없어 힘든 분들은 올라올 수 있을 만큼만 올라옵니다. 3회~5회 진행합니다.

Tip

하체 근력 운동을 하기 위해서 고관절을 충분히 이완해 줍니다.

03 기본 스쿼트&터치 박수

스쿼트 동작은 전신 운동이기도 하며 하체의 근력을 높여 주고, 특히 허벅지를 슬림하게 해 줍니다.

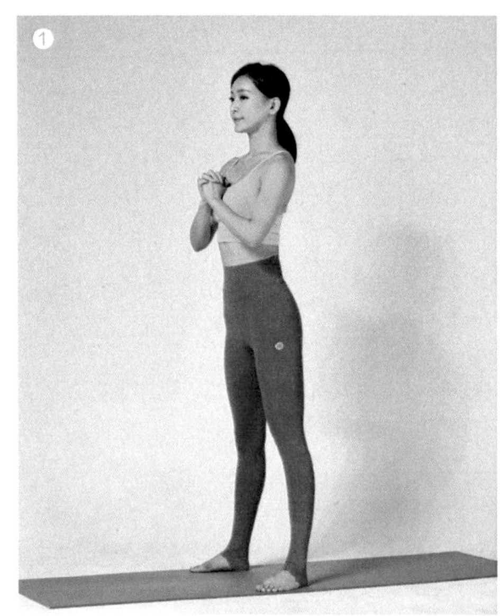

다리는 어깨너비로 편안하게 벌리고 양손은 깍지를 껴서 바른 자세를 만들어 줍니다.

엉덩이는 뒤쪽으로 빼면서 의자에 앉듯 내려갑니다.

팔꿈치와 양쪽 무릎이 닿을 때까지 내려갑니다. 무릎은 발 앞으로 밀리지 않도록 발가락 끝 선과 맞춰 줍니다. 허리는 굽히지 않으며 시선은 정면을 바라봅니다.

자연스럽게 깍지 낀 양손을 풀어서 옆으로 올리면서 일어납니다. 양손을 위로 뻗어 박수를 칩니다. 15회씩 총 3세트 진행합니다.

스쿼트를 할 때 무릎이 모이지 않도록 주의합니다. 팔을 같이 사용하면 상체를 바르게 세울 수 있습니다. 어깨가 불편하거나 박수 치는 게 불편하다면 양손을 천장으로 뻗고 다시 깍지를 끼면서 앉아 줍니다. 손바닥을 서로 마주 대고 동작을 진행해도 괜찮습니다.

04 스쿼트 홀딩&터치

스쿼트로 하체의 근력을 높이고, 여기에 한쪽 자리를 들면서 코어 밸런스까지 향상할 수 있습니다.

다리는 어깨너비로 편안하게 벌리고 기본 스쿼트 자세로 내려갑니다.

스쿼트 자세에서 반만 일어나 오른쪽 다리를 들어 왼손으로 터치합니다. 균형을 잃지 않게 주의하며 다시 처음 스쿼트 자세로 내려갑니다. 반대쪽과 번갈아 가며 12회씩 총 3세트 반복합니다.

Tip

한쪽 다리를 들면 자세가 흐트러지기 쉽기 때문에 복부에 힘을 주고 발로 토대를 잘 잡아 줍니다.

05 사이드 런지

엉덩이 옆 라인의 군살을 없애 주고 탄탄하고 예쁜 엉덩이 라인을 만들어 줍니다. 또한, 무게 중심을 이동하면서 허벅지 안쪽 라인을 슬림하게 만들어 줍니다.

양발을 모아 바르게 섭니다. 가슴을 펴고 양손은 깍지를 껴서 가슴 앞으로 모아 줍니다. 오른쪽 다리는 매트에 고정합니다.

왼쪽 다리를 어깨보다 넓게 왼쪽으로 보내면서 구부려 줍니다. 이때, 골반의 정렬을 잘 맞추며 스쿼트할 때처럼 엉덩이를 뒤로 쭉 밀어 줍니다. 발 앞쪽으로 무릎이 밀리지 않도록 주의합니다. 반대쪽 발은 바닥에서 떨어지지 않게 고정하고 무릎은 펴 줍니다.
접은 다리 쪽의 허벅지와 엉덩이 근육에 힘이 많이 들어가며 뻗은 쪽은 허벅지 안쪽이 스트레칭 되는 느낌이 듭니다. 접은 쪽 발바닥을 밀어내며 다시 처음 자세로 돌아와서 반대쪽도 반복합니다. 12회씩 총 3세트 진행합니다.

상체가 살짝 앞으로 기울여져 있지만, 척추는 펴져 있어야 합니다. 양쪽 발, 무릎, 골반의 전체적인 균형이 맞아야 합니다. 바른 자세를 먼저 잡아 준 뒤에 다음 동작을 진행합니다.

06 앞뒤 점핑잭

근력 운동 중간의 유산소운동은 심폐 지구력을 강화하는 데 도움이 됩니다.

가볍게 양쪽 발을 앞뒤로 바꿔가면서 가볍게 뛰어 줍니다. 20회씩 총 3세트 진행합니다.

Tip

가볍게 양쪽 발을 앞뒤로 바꿔가면서 가볍게 뛰어 줍니다. 20회씩 총 3세트 진행합니다.

07 스탠딩 암 워킹

전신의 근력을 높여줄 수 있으며 특히 복부와 팔의 근력을 높여 줄 수 있습니다.

무릎을 살짝 구부려 준비 자세를 취합니다. 무게 중심을 앞쪽으로 두면서 양손으로 기어가듯 바닥을 짚어 줍니다.

8번 플랭크 레그 사이드 푸쉬업과 9번 백 암 워킹까지 연결 동작으로 진행합니다.

08 플랭크 레그 사이드 푸쉬업

팔 뒤쪽 삼두 근육과 복부를 강화해 주며, 고관절 스트레칭까지 한 번에 해 줄 수 있는 동작입니다.

양손과 양발로 바닥을 지탱하며 플랭크 자세를 취합니다. 어깨 아래에 손목이 11자 모양이 되도록 두고, 엉덩이가 올라가지 않게 몸은 사다리처럼 만들어 줍니다.

왼쪽 다리를 옆구리까지 당겨 줍니다. 팔꿈치는 옆구리에 고정하고 팔꿈치를 살짝 구부려 푸쉬업 자세를 만들어 줍니다.

왼쪽 다리를 다시 처음의 플랭크 자세로 만들어 주고 반대쪽 동작을 이어갑니다. 12회씩 3세트 진행합니다.

09 백 암 워킹

발을 고정한 상태에서 양손은 바닥을 짚어 발쪽으로 가져옵니다. 이때, 등을 동그랗게 말아서 올라옵니다.

10 스탠딩 포즈

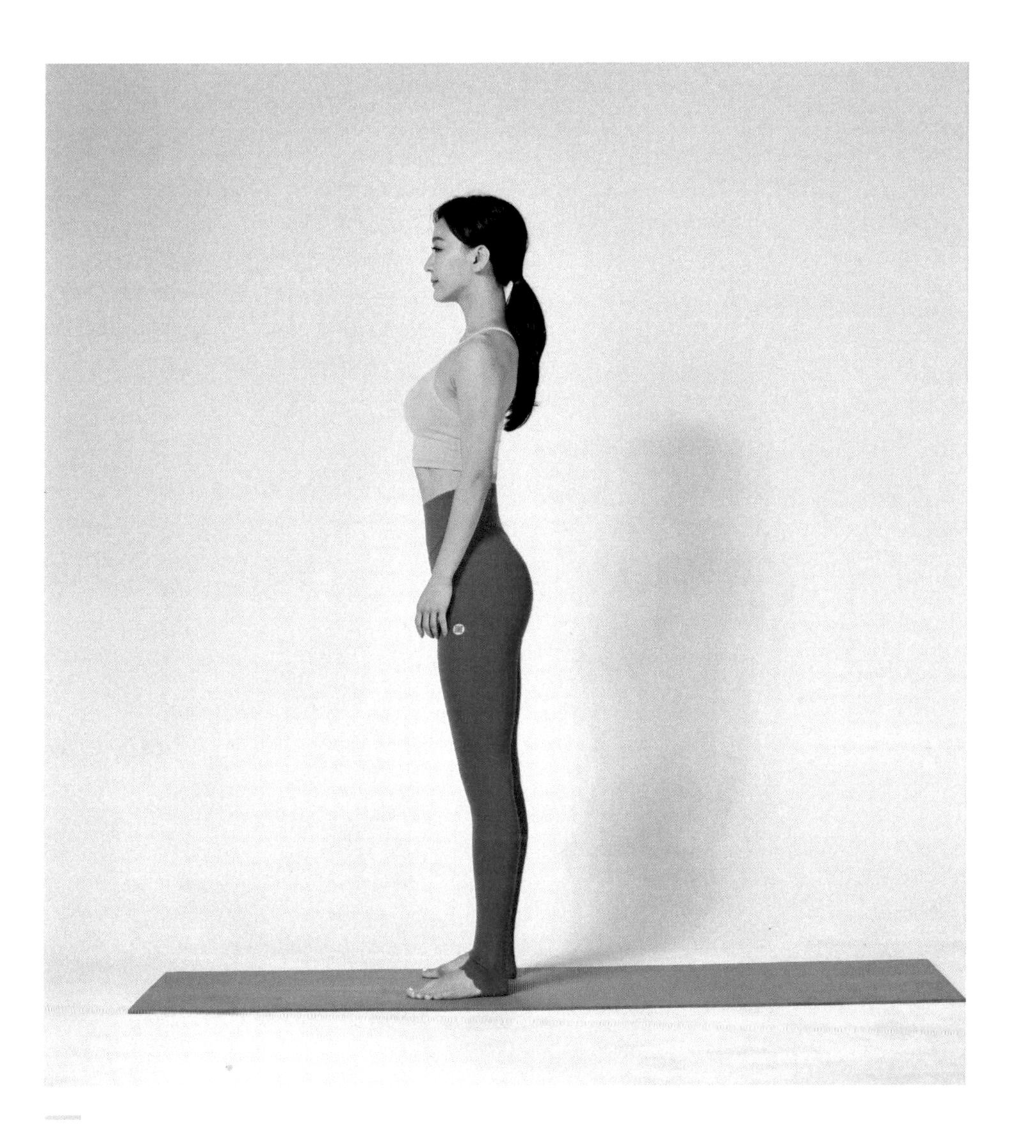

바르게 서서 호흡을 정리해 줍니다. 서 있는 자세로 골반의 정렬을 맞추고, 가슴을 펴고 최대한 바른 자세를 만들어 줍니다.

정리하기

10 스탠딩 포즈

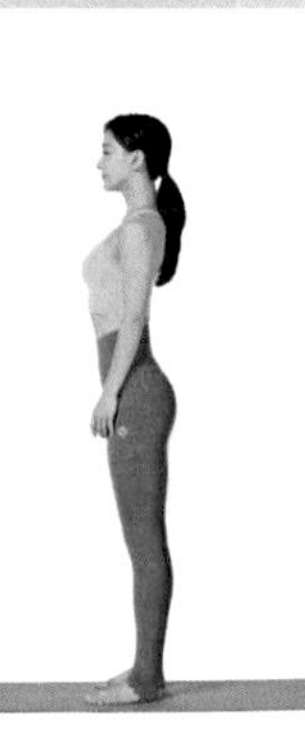

09 백 암 워킹

08 플랭크 레그 사이드 푸쉬업

07 스탠딩 암 워킹

06 앞뒤 점핑잭

목

01 고관절 둔근 스트레칭
START
02 풀 스쿼트 워밍업
03 기본 스쿼트&터치 박수
04 스쿼트 홀딩&터치
05 사이드 런지

금요일

F · R · I · D · A · Y

금요일

복부와 엉덩이를 탄력 있게,
ABT 홈 트레이닝

01 기본 스쿼트

하체 근력 강화, 하체 근육 증가, 무릎 관절 강화 등 하체 다이어트에 도움이 됩니다. 또한, 기초 대사량을 증가시킬 수 있습니다.

양발은 어깨너비로 벌리고 바르게 선 자세로 준비합니다. 발의 위치는 11자 또는 약간 밖으로 회전해 주는데, 골반과 무릎이 편안한 상태로 둡니다.

무릎도 발 끝과 동일한 각도로 내려갑니다. 상체는 숙이지 않고, 양팔은 앞으로 뻗어서 내려갑니다 15회씩 3세트 진행합니다.

스쿼트는 하체 운동 중 가장 기본이 되는 운동입니다. 내려갈 때 상체를 너무 많이 숙이거나 허리가 너무 많이 꺾이지 않게 주의하며 내려갔을 때 다리 각도는 90도를 만들어 줍니다. 골반과 무릎이 평행이 되도록 자세를 유지해 줍니다.

02 와이드 스쿼트

전반적인 하체 근력 향상은 물론, 허벅지 안쪽의 스트레칭과 군살 제거 효과적인 운동입니다.

양손을 귀 옆 또는 머리 뒤로 깍지를 끼고, 가슴을 펴 줍니다. 다리는 골반 너비보다 2배 정도로 열어 줍니다.

천천히 무릎을 바깥쪽으로 열어 주면서 내려갔다가, 허벅지 안쪽 근육에 집중하며 발바닥을 밀어내는 느낌으로 올라옵니다. 15회씩 3세트 진행합니다.

내려갈 때 무릎이 모이지 않도록 주의하며 골반과 무릎, 발의 각도가 같도록 자세를 잡아 줍니다. 사람마다 신체의 구조가 다르기 때문에 자신이 가능한 각도로 동작을 진행합니다. 상체를 앞으로 숙이지 않도록 주의합니다.

03 소화전 운동

스쿼트나 런지에서 엉덩이 근육의 자극을 잘 느끼지 못하는 분들에게 추천해 드리는 엉덩이 운동입니다. 엉덩이 근육을 발달시킬 수 있으며, 하복부의 근육을 함께 쓸 수 있습니다.

양손과 양쪽 무릎을 바닥에 대고 엎드려 테이블 포즈를 취합니다. 무릎은 골반 너비, 양손은 어깨너비로 벌립니다. 골반 아래에 무릎이 위치하도록 하고, 다리는 90도로 만들어 줍니다.

골반을 움직이지 않고 코어에 힘을 주면서 무릎을 구부린 채로 왼쪽 허벅지를 왼쪽으로 올려 줍니다. 처음 자세로 돌아와 12회씩 3세트 반복합니다.

다리는 직각을 유지해야 하며 상체는 흔들리지 않도록 주의합니다. 척추의 중립을 유지하며 코어의 힘도 유지합니다.

04 덩키킥

엉덩이를 탄력 있게 만들어 주는 동작입니다.

양손과 양쪽 무릎을 바닥에 대고 엎드립니다. 무릎은 골반 너비, 양손은 어깨너비로 벌립니다. 골반 아래 무릎이 위치하도록 다리는 90도로 만들어 줍니다.

테이블 포즈에서 왼쪽 다리를 등과 수평이 되도록 올려 줍니다. 발가락은 당겨 주고 다리는 위로 밀어냅니다.

엉덩이의 긴장감을 느끼면서 천천히 등 높이로 내려 줍니다. 반대쪽도 동작을 반복하며 12회씩 총 3세트 진행합니다.

Tip

동작의 마지막 단계에서 엉덩이 근육을 조이고 엉덩이를 올리면서 척추를 곧게 유지합니다. 허리가 아치형으로 휘지 않게 주의합니다. 골반이 틀어지지 않도록 허리의 중심을 잘 잡아 엉덩이에 자극이 가도록 천천히 올려줍니다. 다리를 높이 드는 게 중요하지 않기 때문에, 엉덩이 힘이 풀리지 않을 정도까지만 올려 줍니다.

05 백힐 터치

엉덩이를 탄력 있게 만들어 주고 허벅지 안쪽을 강화해 주는 동작입니다.

엎드린 자세에서 양손을 포개어 상체를 고정해 줍니다. 무릎은 골반보다 넓게 벌리고 발뒤꿈치를 붙여 줍니다.

발바닥을 천장 쪽으로 밀어준다고 생각하고 수직으로 올려 줍니다. 이때, 상체가 많이 흔들리지 않도록 주의합니다. 12회씩 3세트 진행합니다.

엉덩이 근육을 수축하는 상태를 유지하고 천천히 동작을 진행합니다. 허리의 힘만으로 다리를 올리지 않게 주의하며, 엉덩이 근육 수축에 집중합니다.

06 트위스트 플랭크

중심부 안정성 코어 운동의 효과 동시에 외복사근 복근의 라인을 예쁘게 만들어 주는 동작입니다.

테이블 포즈에서 어깨 아래에 위치하도록 팔꿈치를 바닥에 놓고 한쪽 다리씩 뻗어서 몸은 수평을 만들어 줍니다. 시선은 머리를 숙이지 않고 손을 바라봅니다.

상체는 고정한 상태로 골반을 좌우로 움직여 줍니다.

복부의 힘을 계속 유지한 채 10회씩 총 3세트 진행합니다.

Tip

기본 플랭크 동작과 달리 무게 중심 이동하는 동작입니다. 팔꿈치와 어깨에 무게 중심이 많이 실리지 않게 밀어내는 힘과 복부의 힘을 계속 유지하는 게 중요합니다, 호흡을 참지 않고 자연스러운 호흡으로 동작을 이어갑니다.

07 사선 크런치

상체와 하체를 비트는 동작은 평소에 쓰지 않는 옆구리 근육을 사용하게 도와줍니다. 옆구리 라인을 슬림하게 만들어 주고 복부의 힘은 물론, 11자 복근을 만드는 데 도움을 주는 동작입니다.

천장을 보고 누운 자세에서 무릎을 열어 발뒤꿈치를 붙여 줍니다. 양손은 귀 옆을 가볍게 잡아 줍니다. 복부에 힘을 주어 날개뼈 위 등까지 바닥에서 떨어지는 정도로 상체를 올려 줍니다.

오른손을 왼쪽 정강이 중간 사선 쪽으로 뻗어 줍니다. 양쪽 번갈아 가며 동작을 진행하고, 12회 3세트 반복합니다.

올라올 때 반동을 주지 않고, 목에 힘이 많이 들어가지 않도록 주의합니다.

08 엘 트위스트

복부 전체와 허리의 힘을 길러 주는 데 도움이 되는 동작입니다.

천장을 보고 누운 자세에서 양팔을 옆으로 뻗어 줍니다. 양쪽 다리를 천장 쪽으로 뻗고 발가락은 몸쪽으로 당겨 줍니다.

어깨와 팔은 그대로 두고 다리를 왼쪽으로 내려 줍니다. 시선은 오른쪽을 바라봅니다.

복부의 힘을 이용해 반대쪽으로 내려갑니다. 번갈아 가며 동작을 진행하며, 10회씩 3세트 반복합니다.

Tip

양쪽 어깨가 바닥에서 떨어지지 않을 정도까지만 다리의 각도를 내려 줍니다.

정리하기

08 엘 트위스트

07 사선 크런치

06 트위스트 플랭크

05 백힐 터치

금

01 기본 스쿼트
START
02 와이드 스쿼트
03 소화전 운동

04 덩키킥

토요일

S · A · T · U · R · D · A · Y

토요일

주말에 몸이 가벼워지는

누워서 하는 스트레칭

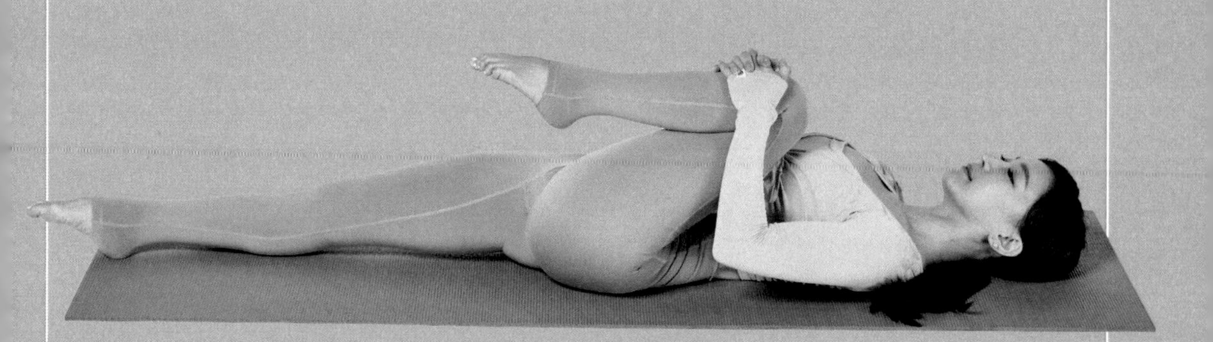

01 누워서 호흡하기

누워서 하는 복식 호흡은 흥분을 가라앉히고 심신의 안정을 찾아 줍니다. 또한, 신체의 산소 공급을 원활히 해 주며 혈액 순환을 도와줍니다.

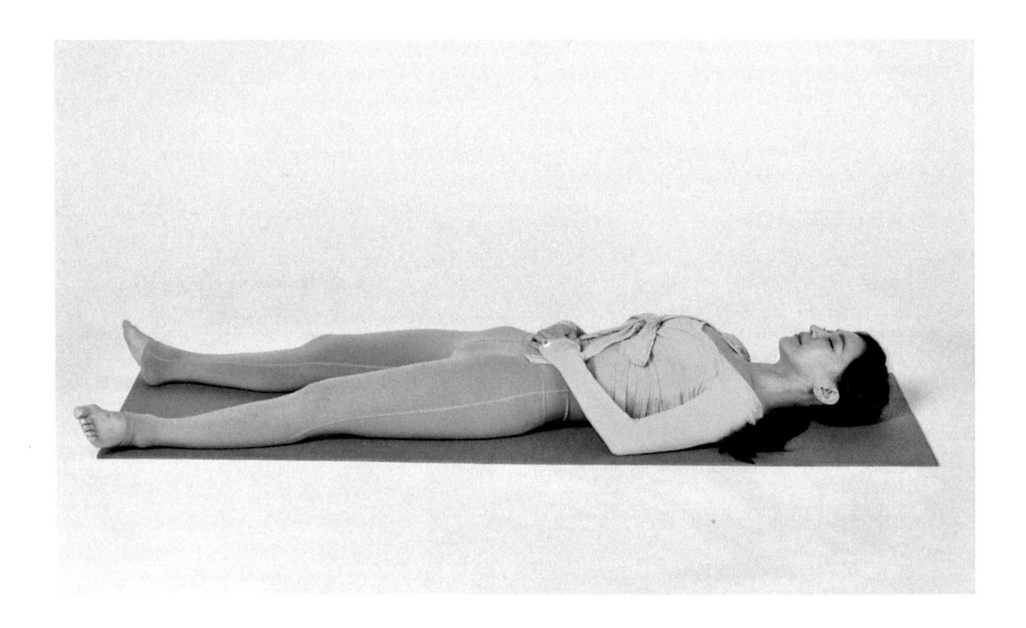

편안하게 누워 두 손을 배 위에 올려 줍니다. 코로 숨을 마시면서 배를 내밀며 의식을 아랫배에 집중합니다. 숨을 내쉬면서 천천히 배를 납작하게 복부를 수축시키며 호흡을 길게 내뱉습니다. 3분 정도 유지합니다. 눈을 감고 호흡을 편하게 진행하셔도 좋고, 조용한 힐링 음악을 들으면서 호흡하는 것도 좋습니다. 단, 임산부분들은 호흡을 멈추지 않도록 주의합니다.

가장 편안한 자세에서 나의 호흡에만 집중하며 코로 마시고 코로 내뱉습니다. 아직 코로 내쉬는 호흡이 불편하다면, 입으로 내쉬어도 좋습니다. 평소에 호흡을 집중적으로 안 하셨던 분들은 갑자기 복식 호흡을 하면 어지러울 수 있습니다. 그런 분들은 무리하지 않고 점차 호흡의 양과 시간을 늘려가세요.

02 누워서 몸 늘리기

전신 혈액 순환에 도움이 되며 긴장되어 있던 종아리 근육을 이완시킬 수 있습니다.

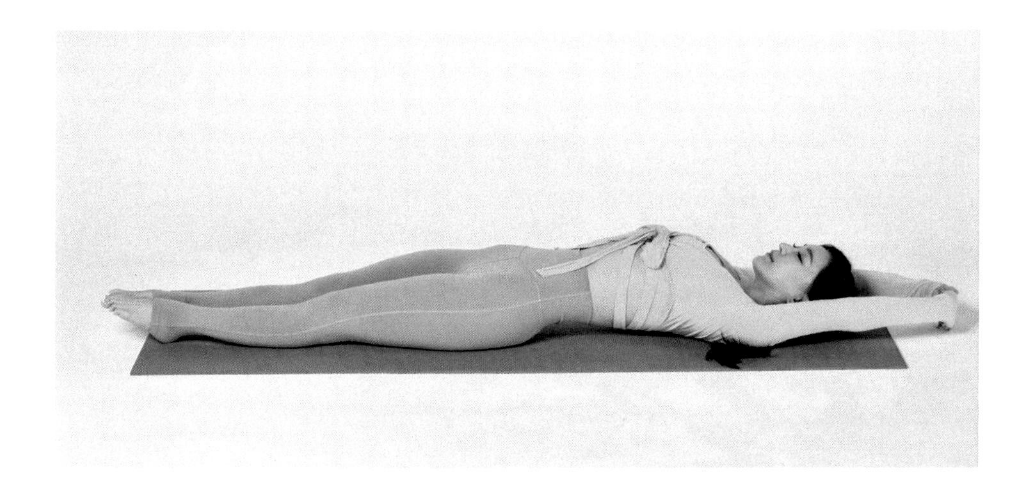

양손을 머리 위로 깍지낀 상태에서 양쪽 다리를 모아 줍니다. 마시는 숨에 발등을 쭉 뻗어 줍니다.

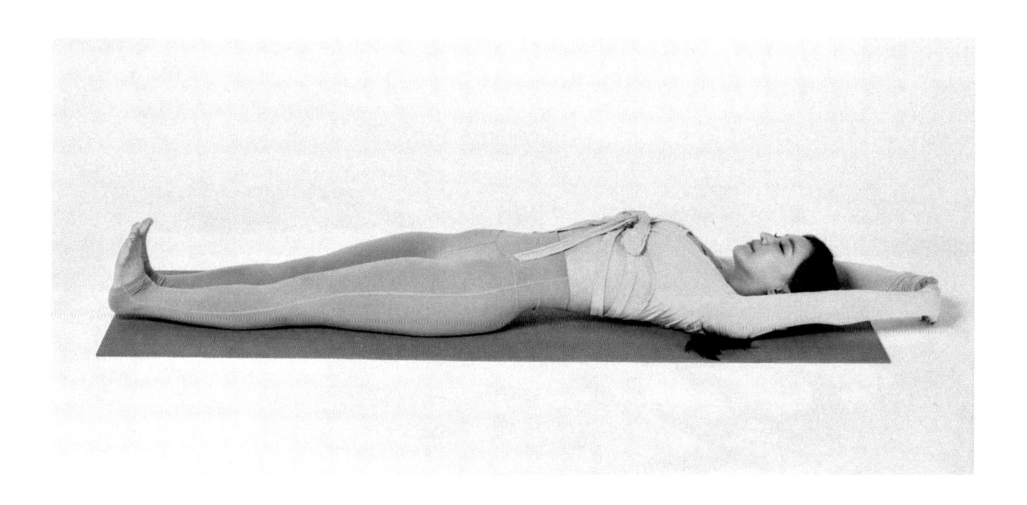

내쉬면서 발가락을 몸통 쪽으로 당깁니다. 5회 반복합니다.

03 양다리 모아 무릎 잡고 호흡 빼기

장에 쌓인 가스를 배출해 주며 고관절과 엉덩이 유연성을 향상시켜 줍니다.

양다리 잡고 마시는 숨에 다리를 살짝 풀었다가, 내쉬는 숨에 무릎을 가슴 가까이 당겨 줍니다. 3회~5회 진행합니다.

허리 부분이 바닥에서 뜨지 않도록 합니다.

04 누워 한 발 당기기

고관절과 엉덩이의 유연성을 향상시켜 줍니다. 허리 질환을 예방할 수 있으며 장에 쌓인 가스를 배출해 줍니다.

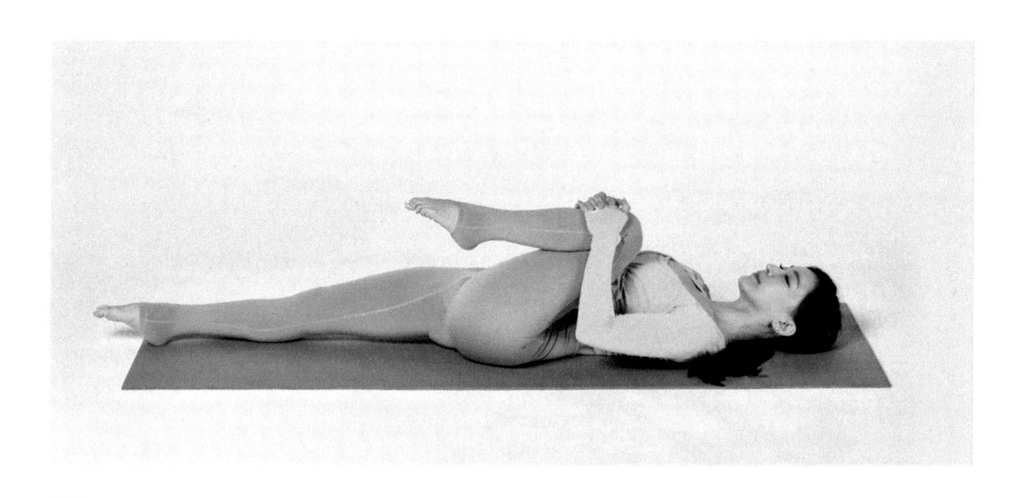

한쪽 무릎은 접은 자세로 다리 한쪽은 뻗어 줍니다. 이때, 허리와 어깨가 바닥에서 뜨지 않도록 주의합니다. 다리를 접은 자세로 호흡을 15초 정도 유지합니다.

천천히 무릎을 펴서 뻗은 다리를 상체 쪽으로 당겨 주면서 다리를 스트레칭합니다. 마찬가지로 호흡을 15초 정도 유지합니다.

어깨와 목에 힘이 들어가지 않도록 턱을 당긴 상태에서 실시합니다.

05 척추 트위스트

허리와 복부를 비틀어 줌으로써 장기의 움직임을 도와 장기의 기능을 활발하게 만들어 줍니다.

양팔은 옆으로 펼치고 다리는 90도 접은 자세로 다리를 모아 왼쪽으로 내려 줍니다. 시선은 무릎과 반대쪽을 향합니다.

호흡을 20초 유지하고 반대쪽도 같은 방법으로 진행합니다.

어깨는 뜨지 않도록 하고, 몸의 긴장을 푼 상태로 비틀어 줍니다.

06 힙 브릿지

괄약근에 힘을 주고 엉덩이를 조이며 들어 올리는 동작은 골반과 허리 근육 강화, 힙업에 효과가 있습니다.

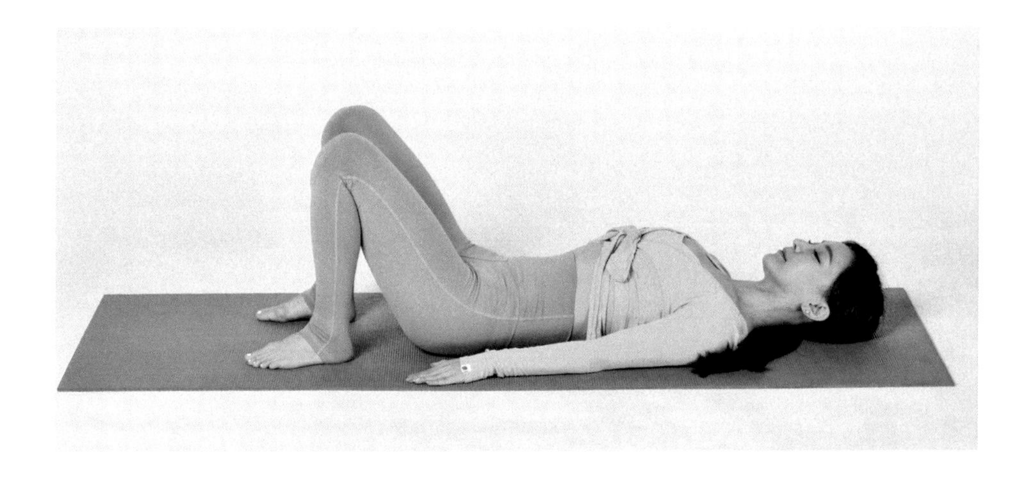

편한 자세로 누워 무릎을 구부려 세우고 손은 허벅지 옆 바닥을 짚어 주세요. 이때, 양발은 엉덩이에서 한 뼘 정도 떨어진 곳에 둡니다.

숨을 내쉬면서 엉덩이부터 허리, 등까지 천천히 들어 올립니다. 무릎부터 어깨가 사선이 될 때까지 올리고 제자리로 돌아올 때는 등부터 천천히 바닥에 내려놓습니다. 10회씩 3세트 반복합니다.

허리가 과도하게 꺾이지 않게 괄약근에 힘을 줘서 올려 줍니다. 전체적으로 가슴-골반-무릎 높이가 사선이 되도록 만들어 줍니다.

07 다리 열고 닫아주기

하체를 높게 들어 올리기 때문에 하체 부종을 완화하는 데 효과가 있습니다. 또한, 허벅지 안쪽 근육을 탄탄하게 잡아 주고, 허벅지 뒤쪽 살을 빼 주는 동작입니다.

등을 바닥에 대고 편하게 누운 자세에서 양손은 옆쪽으로 뻗어 줍니다. 발끝을 몸통으로 당긴 자세로 준비합니다.

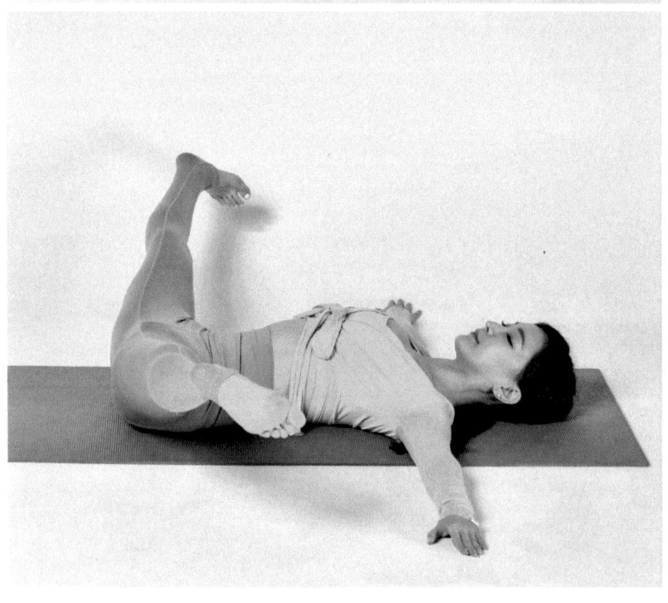

다리를 최대한 넓게 옆으로 벌렸다가 허벅지 안쪽 근육 힘으로 처음 자세로 모아 줍니다, 10회 반복하여 3세트 진행합니다.

허벅지 안쪽 근육에 집중을 하며 가능한 무릎을 펴고 천천히 진행합니다.

정리 하기

01 누워서 호흡하기

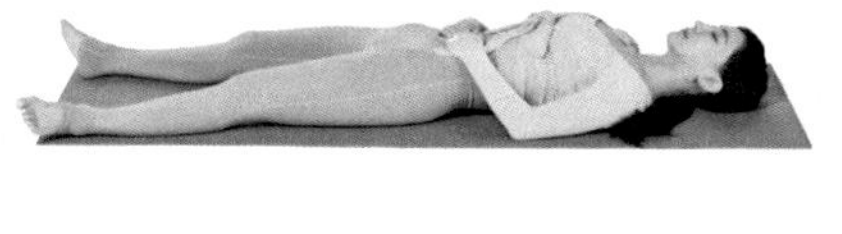

02 누워서 몸 늘리기

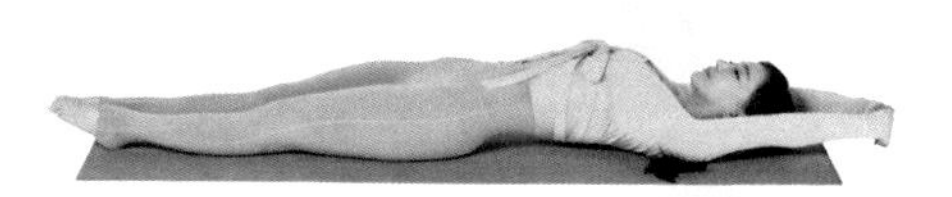

03 양다리 모아 무릎 잡고 호흡 빼기

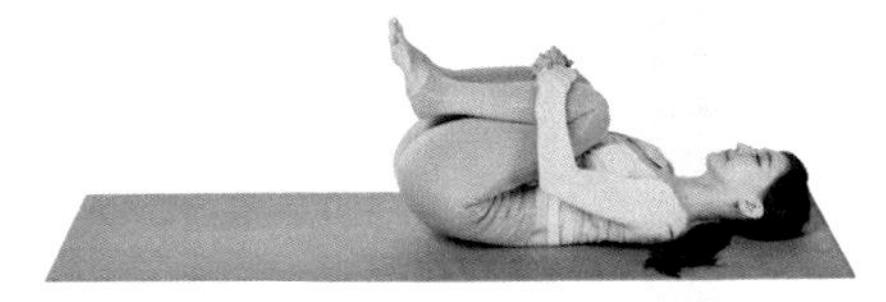

04 누워 한 발 당기기

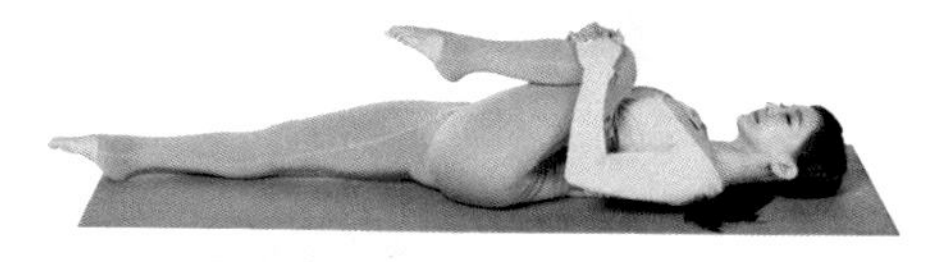

05 척추 트위스트

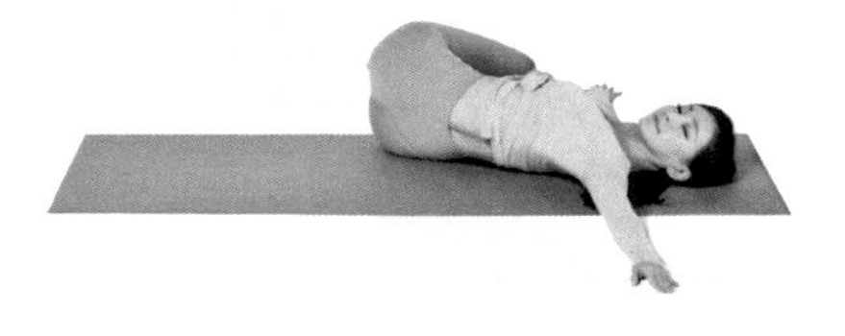

06 힙 브릿지

07 다리 열고 닫아주기

일요일

S · U · N · D · A · Y

일요일

명상과 호흡으로
나에게 집중하는 시간 갖기

여러분은 일주일에 몇 번이나 나에게 집중하는 시간을 가지시나요? 우리는 바쁜 일상 탓에 스스로 집중하는 시간을 갖는 게 어려운 현실을 살고 있습니다. 저도 20살에 대학을 입학하면서 정신없이 일에 쫓기다 보니 스스로 쉴 시간을 주지 못했습니다. 그러면서 스트레스도 많이 받고, 우울감도 찾아왔죠.

그러던 중에 요가를 만나게 되었고, 운동을 열심히 하기 시작했습니다. 요가는 저에게 심신의 안정뿐만 아니라 자신을 사랑하는 방법을 찾게 해 주었습니다. 그중에서도 명상과 호흡을 하는 시간은 저에게 정말 소중한 시간이었습니다. 일주일에 한 번, 일요일은 나를 위해 집중해서 명상과 호흡을 하는 시간을 가져보세요. 여러분에게 정말 무엇보다 값진 시간이 될 것입니다.

01 편하게 앉아서 호흡하기

반복되는 잘못된 습관에 의해 변형된 척추를 바르게 교정하는 데 효과적이며 복식 호흡을 쉽고 편안하게 할 수 있는 자세입니다. 척추를 바르게 세운 자세를 유지하는 것이 중요합니다. 앉아 있기 힘든 분들은 꼬리뼈 쪽에 쿠션 깔고 호흡하세요.

양반다리를 하고 편안하게 앉습니다. 꼬리뼈와 정수리까지 척추가 길어진다는 느낌을 유지하며 가슴과 어깨를 펴 줍니다. 눈은 지그시 감거나 한곳을 멀리 응시하셔도 좋습니다. 몸이 닿는 느낌과 주위에 집중하여 신체 감각을 어느 정도 느낄 수 있는지 집중해 봅니다.

숨을 마시고 내쉴 때마다 아랫배 위 감각에 집중하여 느껴봅니다. 마시는 호흡에 빵빵해지는 느낌으로 복부에 호흡을 가득 채우고, 내쉬는 숨에 배꼽과 등이 가까워지는 느낌으로 복부를 납작하게 수축합니다. 호흡을 마실 때 어깨가 올라가지 않게 복부에 집중합니다. 최대한 호흡하는 시간만큼은 나의 감각에 집중합니다.

최선을 다해 자신이 편안하다고 느끼는 수련을 찾습니다. 많은 계획보다는 아주 작은 계획부터 시작해 보세요. 호흡을 끝낸 후 집중한 나 자신에게 "잘했어"라고 말해 보세요.

02 누워서 호흡하기

스트레스와 바쁜 일상에 지친 분들께 꼭 필요한 휴식 자세이기도 합니다. 호흡이 안정되어 몸 안에 있는 나쁜 노폐물이 밖으로 배출되고 호흡이 안정되어 몸 안에 있는 나쁜 노폐물이 밖으로 배출되고 머리가 상쾌해집니다.

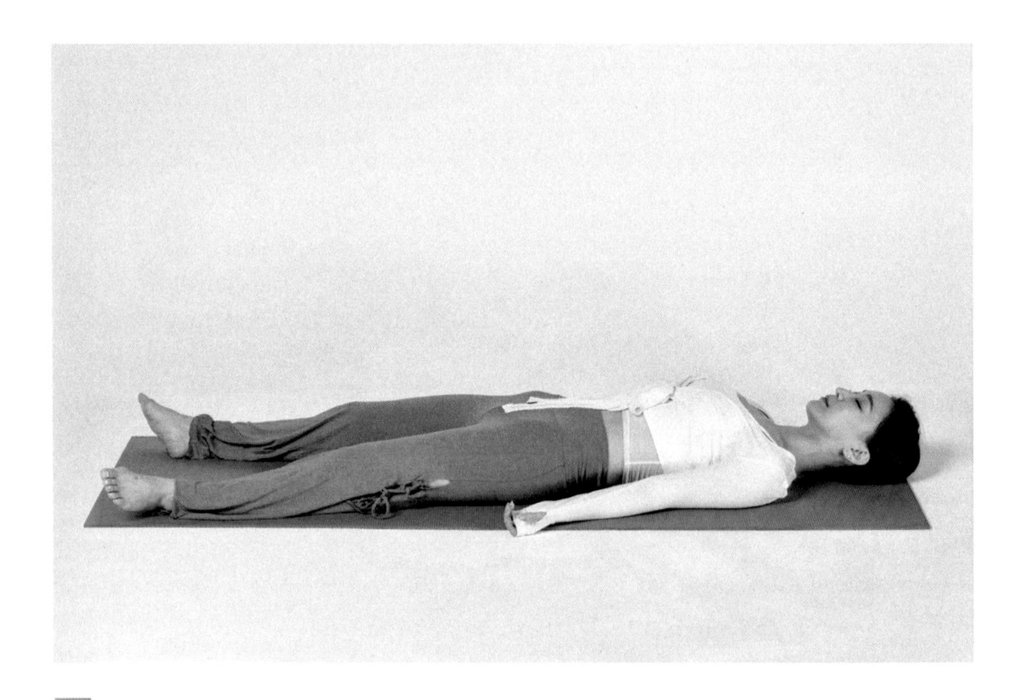

방해받지 않는 조용하고 따뜻한 장소에서 매트나 침대에 편안하게 눕습니다. 눈은 지그시 감습니다. 잠시 몸의 감각을 느끼고 바닥이나 침대에 닿는 감각을 느껴봅니다. 숨을 내쉼에 따라 몸의 긴장감을 최대한 풀고 매트나 침대 위로 자신을 더 내려놓습니다.

몸의 감각을 내려놓았으면 자신의 아랫배로 주의를 옮깁니다. 숨을 들이쉬고 내쉴 때 배에서 느껴지는 감각의 변화를 느껴봅니다. 이 감각을 계속 유지하면서 나의 팔과 다리에 느껴지는 감각에 집중해 봅니다.

호흡할 때 몸의 특정 부위에서 긴장감이나 강렬한 감각을 느끼면 그 부위에 숨을 불어넣어도 좋습니다. 마시는 숨에 감각을 알아차리고 내쉬는 숨에 감각을 흘려보냅니다.

다른 생각은 하지 않고 편안한 상태로 몸의 모든 근육을 이완해 주세요. 하루 중 자신이 편안하게 집중할 수 있는 시간에 하는 것을 추천합니다.

03 허리에 쿠션이나 담요 깔고 전신 이완시키기

목과 등의 피로를 완화시켜 줍니다.

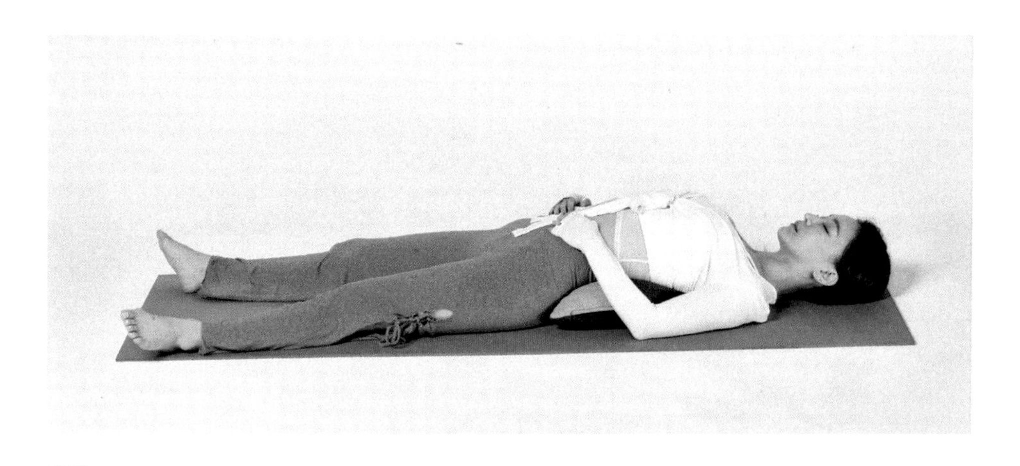

담요나 쿠션을 허리 위쪽에 위치하게 놓아두고 천장을 보고 누워 주세요. 양손은 배꼽 위에 올려놓고 복식 호흡을 합니다.

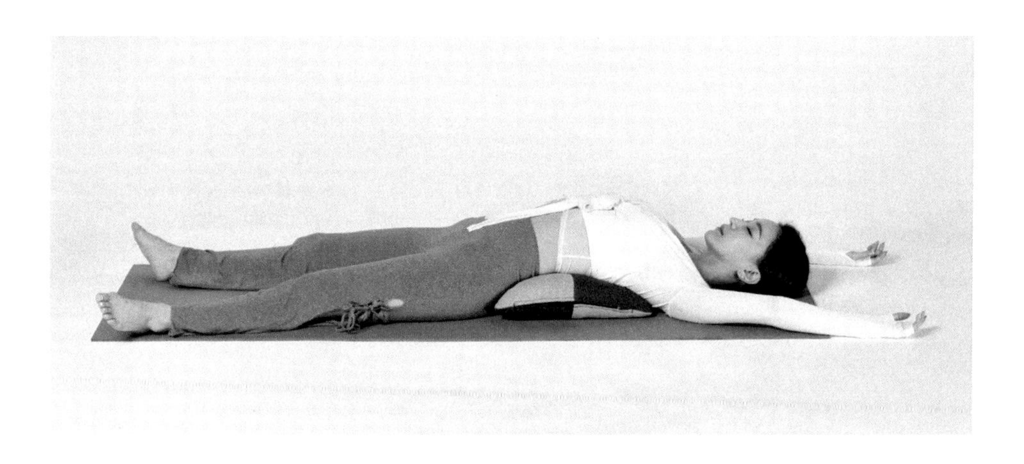

긴장감이 조금 풀렸다면 양손을 위로 뻗어 호흡을 깊이 합니다.

등과 허리에 통증이 있다면 쿠션과 담요의 높이를 낮게 합니다. 호흡과 명상의 시간은 처음부터 시간을 정해두는 것이 아니라, 내가 집중할 수 있는 만큼 시간을 가져보고 점차 늘려가 봅니다.

정리 하기

01 편하게 앉아서 호흡하기

02 가볍게 목 돌리기

03 가볍게 목 돌리기